天下文化
BELIEVE IN READING

BFP018

該怎麼成就你的人生

洪蘭——著

二〇二〇這個庚子年對所有人來說，都是非常辛苦的一年。但是經驗告訴我們，年年難過年年過，只要有學到教訓，就沒有白受苦。

逆境是所有人都不愛的，就像痛感是沒有人要的。但是痛是個警訊，讓我們立刻停止這個傷害的動作。其實逆境也是一樣，它讓我們反思，感恩順境時的幸福。

目錄

素養時代需要成長心態

ＡＩ世代需要翻轉大腦

疫後人生需要開創新局

幸福人生需要立定志業

自序——成就人生的關鍵在自己手上

「該怎麼成就你的人生」通常是年輕時，不會去想；中年時，無暇去想；老年時，後悔沒有早點去想的題目。人生很多事都是事到臨頭才會當真，我就是一個例子。所以現在雖然已經退休，仍然不停寫文章提醒學生，不要以為人生還有很多的時間可以慢慢去「殺」，光陰稍縱即逝，它跑得比光速還快，「朱顏辭鏡花辭樹」的到來比你想像的快得多，現在不流的汗，以後會變成淚流出。

年輕的我真是不想聽這些話，幸好我父親不放棄，逮到機會就說：「名利一場空，萬般帶不走，只有業隨身，每天要好好想今天要做些什麼，才不辜負農人種稻辛苦養大你們。」這些話有如耳邊風，聽多了還會煩，更怕父親問時答不出來。么妹年紀小，比較得寵，就慫恿她去問父親，究竟什麼才是一個成功的人生？父親說，像林連玉那樣。

林連玉是馬來西亞華文教育的功臣（或是說烈士）。中華文化能在馬來西亞保存下來，華人子弟有華小、獨立中學可讀，都是他的功勞。他一生都在為華人的政治地位、下一代的受教權奮鬥，因此他被馬來政府褫奪公權，不准他教書，使他後來連生活都有問題。但是他死時，吉隆坡的華人關店不做生意，一萬多人自動上街送他到墓地，人龍綿延五公里之長，他的墓碑上刻的是「族魂」。

我父親非常敬佩他。他說什麼叫「死後哀榮」？一個人一生的功過就顯現在這裡，馬來西亞華人的孩子還知道孔子、孟子，就是因為這世界曾經有個人叫林連玉。

父親對林連玉的看法影響我一生，猶太教義也教導他們的孩子，錢財只在你成功時陪著你，子女也只能陪你到墳墓門口，只有你做的好事（good deed）陪著你進墳墓（beyond the grave），直到永久。不論東西方，都強調品德和操守是成就人生唯一的條件。

但是要保持正直的品德和暗室不欺心的操守不容易，因為花花世界有很多誘惑。父親知道人性經不起測試，所以他要求我們生活儉樸——儉不匱乏，樸則無欲。沒有需求，沒有欲望，別人就無法引誘你。他同時強化我們的自信心，使我們不會從眾，不會人云亦云。他不打我們，也不准別人打我們，我曾在上小學的第一天被老師打，我父親知道後，立刻幫我轉學，因為自尊心是建立品德的基石，一個人只要自重自愛，就不會去做壞事。

我四十四歲從美國回臺灣在中正大學教書，那年父親七十八歲，他要我每年暑期都去馬來西亞做僑教，因為他十二歲時，祖父把他從南洋送回廈門去讀陳嘉庚創辦的集美中學和廈門大學，使他後來的命運跟留在棉蘭和新加坡做生意的大伯和叔叔不同。教育改變了他的一生，人不可忘本，他年老不能回饋，這個責任要由我這個做子女的去完成。他還告訴我，真正的自由是不想做時，有不做的自由，但是要做到這一點，只有四個字，「無欲則剛」——不向人開口借貸，就不必向人低頭，求人不如求己，求財不如勤儉，求福不如修身。

我現在到了孔子說「從心所欲不逾矩」的年齡，也得到了可以不做不想做的事的自由，但是大腦還靈光，身體也還能動，自覺還不老，還有力氣可以做些事。黃春明說得好，不要問你還有多少時間，要問你還可以做些什麼事。我仔細想了一下，我會做的僅有韓愈說的「傳道授業解惑」而已，所以我又回到學校去教書，同時寫書、翻譯書，希望有一天能做到父親心中像林連玉那樣的人生。

這本書就是過去兩年專欄文章的集結，感謝《天下雜誌》、《遠見雜誌》、《聯合報》、《國語日報》願意給我舞臺，讓我繼續用筆，告訴孩子，該怎樣才能成就你的人生。

花若盛開，蝴蝶自來，人若精采，天自安排，自己的人生操控在自己的手上，擇一事，做一生，惠眾生，讓這個世界因為曾經有過你而不一樣。

素養時代需要

成長、心態

培養孩子６Ｃ的能力

現代父母不論中外，都很憂心孩子將來會被機器人所取代，沒有飯吃。因此，二〇一八年六月，美國舉辦了一個極具前瞻性的學習科學會議，聚集認知、神經、資訊、教育各領域的學者，從學習者的角度來探討如何有效學習。

雖然我們很早就知道分數在未來不重要，態度才重要，但是從來沒有像這次會議中，戴上3D眼鏡去模擬未來時，這麼震撼。當看到以機器人為主的自動化社會生活情境，大大超越我們的想像，立刻可以了解，教育方式的改革是刻不容緩了。

在二十一世紀，老師教什麼都不重要，學生懂得如何去找資料才重要。因此，這一代的學生必須學會使用關鍵字在瀏覽器上找資料。所以現代老師的做法是給學生一篇論文，讀完後，要他們寫出這篇文章的關鍵字。從一開始寫十個，縮小到五個，到最後一個時，這篇文章他就看懂了，變成他將來可以運用的知識了。

我在國中輔導閱讀時，常碰到學生看完了一本書，但不知道這本書在講什麼。原來，他們不是在閱讀，而是在瀏覽。有人坐在桌前「讀書」，卻只是在做「掃描」，訊息並沒有進入他的長期記憶中。孔子說「學而不思則罔」，神經學家也說，只有主動學習，大腦才會改變，老師必須改用這種教法，才能讓學生學到東西。

我剛回臺灣，在中正大學教書時，每週要研究生上臺報告進度，發現他們不會抓重點。當我要他們在五分鐘之內把這篇論文講出來時，大多數人做不到，但是經過反覆的訓練後，每一個人都可以做到了，也就是說，這是一個可以被訓練的能力。

那次去開會，同行中有位中正第一屆的博士生，現在已是某國立大學的正教授了。他在聽完演講後告訴我，當年的訓練對他後來的升等很有幫助。

那次會議的另一個重點是，老師應該給這世紀的學生什麼東西？既然他們以後所能用到的知識大約只有現在所學的一〇%，而他們要從事的工作也還未出現，現在老師能做的就是為學生奠定吸收新知的基礎，另外就是培養 6C 的能力了。

6C 是六個 C 開頭的字母：Collaboration（合作）、Communication（溝通）、Content（內容）、Critical Thinking（批判性思考）、Creative Innovation（創新）、Confidence（自信）。其中，內容最重要，因為沒有知識就無法做出批判性的思考，而知識來自閱讀。

有閱讀能力才能做到有效的溝通，因為閱讀帶來同理心。核磁共振的大腦圖顯現，閱讀同一篇文章時，有閱讀習慣的孩子，他們大腦活化的部位不同，血流量也不同，因為他們對文章的感受不同。

有閱讀能力才能大量吸收新知，做出批判性的思考。而批判性思考是創新的必要條件。自信在最後，因為自信來自同儕對你長期的肯定，當孩子有知識、有創新能力時，他自然有自信。

現代的父母不必太憂心，不論世界怎麼變，只要孩子有學習新知的能力，未來都是他的。

素養，要從生活中累積

最近教育部在推素養，但是很多人包括我在內，都不知道教育部所謂的素養是指什麼，為此，外面有很多「素養補習班」出現，但是，不知道素養是什麼，怎麼補呢？這豈不是瞎子摸象嗎？

其實，素養就是一個知識份子應該具備的知識，它包含文化上、科學上和生活上的知識，就像我們會引用成語或名人的話來幫助自己表達意思一樣，比如說，在宴會上有人談美國總統川普的移民政策，這時李斯的〈諫逐客書〉就可以恰當的派上用場；或是大家在談總統府侍衛室香菸走私案，一句「腐肉生蟲，蒼蠅不抱沒縫的雞蛋」也是適當的評語。

對於音樂和藝術的恰當評語就更能帶出一個人的涵養，所謂有素養的人，一般是指有廣泛閱讀而且會恰到好處的靈活運用。這種人的談話生動有趣，別人喜歡跟他聊天，因為會增長見聞。因此，這裡所謂的素養，是無法用補習去得來的，它應該是平日多閱讀，參觀博物館、美術館，聽音樂會，從各種知識層面去累積科學、文學、藝術、音樂等各方面的知識，當別人講到任何話題時，自己都能接下去，說出自己的看法。

關於我們學生素養的例子，我印象最深刻的是二十年前，史丹佛大學的校長訪華，教育部特地安排他與我們最優秀的學生座談，他提到二十世紀的三大滅種屠殺，結果我們的學生都不知道他指的是什麼，當場非常的尷尬。

或許是因為這樣的例子太多，現在教育部開始重視素養，不過，它跟風度和內涵一樣，必須從生活中去累積，不是補習班補得出來的。

素養怎麼教？「態度」最重要

教育部最近在大力推素養，從公布的範圍看來，從科技到藝術到人文無所不包，但是一廣就很難求精，因此有老師來問：哪一項最重要，應該要先著手？

素養是整體的，無法切割。原則上，它應該是在二十一世紀，做個知識份子應該具備的基本能力。

它跟學養有關係，但是跟態度更有關，因為知識不代表智慧，素養要的應該是智慧和處世的態度，也就是，在這大千世界中，如何定位自己。它需要了解自己的價值，使自己人格完整，有尊嚴的過一生。

換句話說，人要找到自己的內在歸屬感（inner belongingness），而這個歸屬感必須在拿掉世俗的眼鏡後，誠實的看待自己時，才會找到。

這不是件容易的事。最近有好幾個在臺灣沒有電視的時代跟我一起長大的朋友，聚在一起討論影響我們一生最大的一句話。一位朋友提出他父親在他負笈北上讀大學時說的那句：「擇一事，做一生，惠眾生。」

他考上的是相當冷門的科系，但是父親告訴他，選擇只是個開始，圓滿的完成它才是最終的目標，冷門科系念到最強也會有飯吃。所以他沒有像別人一樣，大一念完就急著轉系，他堅持下去，把這個領域念到通，現在成為這方面頂尖的專家。

或許你會問，那興趣呢？人不是應該追尋自己的興趣嗎？是的，人應該如此，但是年輕時，或許還不是很清楚自己的興趣在哪裡，人也可以對很多事懷抱興趣，只要讀到通，結果是一樣的，因為知識是相通的。

研究者發現，興趣其實只是個驅力，它使你自動自發的去追求其中的奧祕，但是英諺有云：「能力是你能做什麼，動機決定你要做什麼，態度決定你能做得多好。」態度還是最重要。

朋友說，就憑著他父親那句「擇一事，做一生，惠眾生」，他達到了人生的頂點，也幫助了很多人。

哈佛大學的第一位猶太醫生佛克曼（Judah Folkman）就是因為他不知道便要去尋找答案的態度，感動了口試委員，在兩百多位競爭者中，打開了猶太人進哈佛的門。

原來，他趁午休時，去圖書館把早上口試不會的問題找出了答案，沒想到下午複試是同一批教授，問了同樣的問題，因為只有他一個人找出了答案，他就破格被錄取了。

每一項素養都很重要，但是如何培養出正確的處世態度，應該是第一要事。

最好的語言啟蒙在餐桌上

最近去參加某大學校慶的晚宴，在開宴前，學校安排了幾位傑出校友上臺報告學校對他的創業提供了什麼助力，例如他在哪一門課上學到什麼，或在什麼時候聽到某位教授的一句話而啟發了他，改變了他的一生。

這是個非常好的構想，我們做老師的，最想知道是什麼啟發孩子的事業心，使他發憤圖強。也常檢討自己的教學：如果我當年是這樣教，這一屆學生會不會不一樣？現在有別人的例子可以觀摩，我就正襟危坐，預備好好的來學習。

不料，大會安排了某官員夫人坐我旁邊，她顯然對教學沒興趣，一直找我說話。

我家沒電視，對她談的韓劇全然不知情，最後只好沉默以對。這很失禮，但也不知該如何讓她停止這個話題，心中非常感嘆海明威的那句話：「人花兩年的時光學會說話，卻要用一生的時間學會不說話。」

語言和文字是人類最了不起的兩項成就。大腦中有語言中心，卻沒有閱讀中心，語言是天生的，但它還是需要後天環境去啟動它。

白冠麻雀一孵出，實驗者便在牠耳朵裡灌蠟，隔絕外界聲音，在五十四天的關鍵期內，把蠟拿掉，讓牠聽一次牠本族的歌，再把蠟灌回去。一百天後，把蠟拿掉時，牠會唱，唱得跟沒有灌蠟的控制組一樣好。但是如果在關鍵期內沒有聽過任何一次本族的歌，牠就不會唱。

也就是說，雖然先天有此機制，仍需要後天環境的啟動。

人當然不能做這種實驗，但從少數受虐兒的案例中，仍可看到環境對語言的重要性。因此，父母要盡量跟孩子說話，在智慧的啟發上，錄音帶是無法取代父母的。

美國研究發現，在日常生活中，父母平均一小時跟嬰兒說一千五百個字，高級知識份子平均一小時講二千一百個字，但是每天看電視、領救濟金的父母只講六百個字。當孩子三歲時，愛跟孩子說話的父母已經跟孩子說了四千八百萬個字，而不愛跟孩子說話的父母，孩子才聽到一千三百萬個字，少了三．七倍。

孩子需要聽大人說話來模仿，父親有回家吃晚飯的孩子，他的詞彙量和語言能力比較強，因為大人對話時，用到的文法和句型比較複雜，詞彙也比較抽象，這會幫助孩子建構新的知識架構，使他們更容易吸收複雜的資訊。

哈佛大學追蹤五十七個家庭裡的三歲孩子，直到他們十六歲，結果發現，不論種族（白人六七％，黑人二一％，墨西哥五％，混血七％）與家庭經濟，影響孩子詞彙的正確用法及詞彙量等語文能力指標最大的因素是父母在餐桌上所花的時間及所講的話。

孩子三歲時，透過跟家人一起用餐所接觸到的單字數量，可以預測他們七歲進小學時所使用的詞彙，而這時所使用的詞彙又可以預測十年後，他們對語文的掌握。實驗發現，常跟孩子說話的父母，他們的孩子到四年級時，詞彙的數量和運用都比別人好。

語言很重要，講什麼、在什麼時候講、是什麼樣的場合都很重要，很可惜的是，在這方面，父母很少教，學校也不教，孩子要靠自己察顏觀色來拿捏。只希望這位夫人在家也是如此熱忱的與她的孩子說話，稍稍彌補一下我的損失。

你今天學到了什麼？

二〇一九年，一位以色列大學的教授來我們實驗室訪問三個月，給了我一個機會去了解猶太文化。

我很好奇，中國人和猶太人的父母都非常注重教育，但是教育出來的孩子卻很不一樣。

以色列這個國家雖小，但在科技上很進步：他們不下雨，卻不缺水；沒有石油，卻不缺能源；沒有土地，卻不缺蔬果；拿到的國際專利也非常多。

我問這位教授：「為什麼猶太人在創新上這麼厲害？」

他想了一下，反問我說：「你們的孩子放學回家後，父母跟他講的第一句話是什麼？」

依我過去的觀察，父母多半會問：「今天考得怎麼樣？」

他點點頭說，這正是他在房東家所觀察到的現象。

中國的父母很重視考試和分數，考不好，臉上表情會不悅，孩子會害怕；而以色列的父母問孩子的第一句話是：「你今天學到了什麼？」他們不在乎考試成績，但重視孩子的學習。

他進一步說，我們的孩子很怕考不好或做不好會被罵，既然不做就不會錯，我們的孩子便不敢去嘗試新的東西，自然就沒有創意出來了。相反的，以色列的父母鼓勵孩子去試，失敗了沒有關係，爬起來就好。

他又說，身體的肌肉是有記憶的，做對了，就會一直重複下去，不知道什麼是關鍵，只有錯了，才會發現關鍵點，改進了這個地方，可能就改進了整個產品。因此，以色列的父母鼓勵孩子去嘗試，從錯誤中去改進。

在以色列，沒有人會嘲笑失敗的人，只會嘲笑不去做的人。我聽了深受感動。

父母的態度很重要，中國人太重視面子，怕失敗被人嘲笑，但其實我們應該重視的是最後的成果，不是嗎？

教學要先求好、再求多

一個媽媽來信抱怨：開學才一個月，老師就在趕進度，孩子來不及學，焦慮到晚上睡不著。她去跟老師溝通，老師說，在二十一世紀，學生必須要有寬廣的背景知識和很深的專業知識，才能去和別人競爭。她問：人一天只有二十四小時，「廣」和「精」，哪一個比較重要？

過去的想法是，學生學愈多愈好，拚命塞東西到他們的大腦中，沒有想過貪多嚼不爛，沒有學會，教得多又有什麼用呢？相信很多人都有這個經驗，就是：問起來，學生都點頭說知道，但是叫他們動手做，卻又都辦不到。

英國聖安德魯斯大學（University of St. Andrews）的演化生物學家拉蘭德（Kevin Laland）發現，演化的天擇並不偏好更多的社會學習，而是更「好」的社會學習。他說模仿是最原始的學習，動物就能模仿，並不需要較大的腦，但是需要較大的腦才能知道背後的原因，才會靈活運用這些模仿到的行為。

也就是說，光是「知其然」沒用，必須「知其所以然」，才派得上用場。

常聽特教老師說，自閉症的孩子也會模仿別人的行為，但是他們不知道這個行為背後的原因，因此就不能自動自發的做出這個行為。當然，原因並不是自閉症孩子的大腦不夠大，而是他們動用到的大腦部位跟我們不同，例如我們看臉，大腦活化的是右邊的梭狀迴（Fusiform Gyrus），而自閉症孩子看臉，大腦活化的是左邊的下顳葉迴（Inferior Temporal Gyrus），那是我們看桌子、椅子這類無生物的地方，也就難怪他們不懂別人臉上的表情了。

學習是循序而上的，所以需要把學生先教到會，再求多，好像爬樓梯，中間缺了幾層，很想往上爬，卻爬不上去，只能眼睜睜看著腳比較大、可以跨過缺口的人直往前奔，自己落在後面吃灰塵。

致力於推廣ＳＴＥＭ教育（這是Science、Technology、Engineering、Mathematics這四個領域的頭一個字母）的美國奧克蘭大學（Oakland University）教授歐克莉（Barbara Oakley）也說，創造力不會憑空而降，必須基本能力精熟，才可能發展出創造力來，而「聽說讀寫」就是二十一世紀的基本功，有了這些能力，才能快速在有限的時間內吸收到更多知識，達到「廣」的目的。

所以新加坡二〇〇六年教育改革時，實行減法教學，把教材減半，不給老師進度，每個學生都學會了以後才再進階。結果發現教得少反而學得多。學得快的人可以自己一直往上爬，自然就學得多了；學得慢的，打好了基礎後，也可以急起直追，因此也可以學得多。

這種方法可以使孩子不再恐懼學習，人在恐懼之下，血液會聚集到四肢準備逃命，大腦就一片空白，學不進去了（這是因為演化的目的是保命，不是學習，所以生理反應是以生存為主）。一旦不恐懼，人天生的好奇心不再被壓抑，學習就不再是問題了。

我們需要改變目前的教學方式，先求好，再求多。「廣」和「精」在二十一世紀的確是必要的，但是只有減法教學才可能兩者兼得。

主動學習才有效

暑假是老師和學生最快樂的時候，因為不必上學，可以自由支配時間，而自由是人最嚮往的。臺北市政府宣布取消暑假作業後，學生更是徹底的自由了，但是家長的反應卻很不同，他們擔心自己要上班，孩子沒有了作業，會玩兩個月的電玩遊戲，尤其沒有財力送孩子上夏令營或出國的父母更是憂心，怕孩子浪費了時光，荒廢了學業。

其實過去雖然有暑假作業，孩子也不見得每天按時在做，多半是開學前一天趕工交貨的。既然學習是主動才有效，何不好好利用暑假，把孩子被動學習的壞習慣改掉，使他願意主動去學習呢？依過去的經驗，一旦讓他領略過主動的樂趣後，他會喜歡學習的。

如何做？其實不難，比如說，孩子都喜歡看電影，父母可以去圖書館借有知識性、能增長見聞的影片回來，晚上帶著孩子一起看各種動植物生態的片子。週末再帶他們去野外，實際體驗這些生物的習性。

心理學家很早就知道，人看不見他不知道的東西。先備知識會幫助訊息穿過注意力這個瓶頸，進入孩子的意識界。一旦孩子看到目標物，「所學有所用」，他的大腦會因興奮而分泌多巴胺（Dopamine），這個正向的神經傳導物質會促使孩子再去找尋另一個目標來滿足他的成就感。

多巴胺其實就是藥物上癮最主要的神經機制。所以父母白天去上班也沒有關係，只要引發出孩子的動機，他們可以在家中先自己上網查資料，週末親子再一起去印證所學。

歷史上，許多有名的生物學家就是這樣入門的！沒有了暑假作業的束縛，或許更能讓孩子看到另一片天空。

菜燒得好，孩子自然不偏食

「色香味」是引發食欲的基本條件，照說，一樣東西好不好吃，「味」應該放在最前面，為什麼反而在「色」和「香」的後面呢？這裡有大腦的原因。

有一個實驗是把受試者的眼睛蒙起來，鼻孔塞住，然後餵他吃蘋果和洋蔥，結果人們竟然分辨不出來，兩者的口感質地（texture）都是脆脆的，好的洋蔥也是甜的。因此眼睛（色）和嗅覺（香）就被放在味覺的前面了。

嗅覺很重要，它是五官中唯一不經過視丘（Thalamus）這個中途站而直接到情緒中心的感官，其他的視覺、聽覺都需要經過視丘的轉介，因此，嗅覺最能引起情緒的反應，例如媽媽的味道、情人的香水，中國有「聞香下馬」的成語，一聞到香味，就食指大動。

嗅覺也有保命的作用，腐敗的食物會發出臭味使人不想去吃它。如果今天重感冒鼻子不通，那麼不必花大錢去五星級飯店用餐，路邊攤隨便吃一下即可，因為沒有了嗅覺，吃什麼沒大差別。

最後講到「色」，當聽覺和視覺傳進大腦的訊息有衝突時，大腦會選擇視覺。因為演化時，我們的祖先從樹上下來，進入了非洲大草原後，視覺就變得比聽覺重要——眼睛可以看到地平線出現的黑點，耳朵卻聽不見一公里外的聲音。

同時，「色」還可以告訴祖先這個果實成熟了沒有、可不可以吃。有些果實在青澀時是有毒的。鳥類也是用顏色來選果實，所謂「鮮豔欲滴」，果實成熟時多半都是紅色。

顏色的確會影響我們的食欲，因此給兒童吃的維他命或感冒糖漿大多染成紅色以吸引孩子。很多有色盲的人不吃香蕉，因為灰褐的顏色加上長條形狀，令人看了退避三舍。

顏色是辨識物體最顯著的因素，有一個實驗是給幼兒園的小朋友一堆各種顏色、形狀的東西，請他們把屬於同一家庭的放在一個盒子裡（put the things that belong together），結果小朋友第一回合一定是依顏色來分類，紅色的放在一起、黃色的放在一起……第二回合則會依形狀來分類，圓形的放一起、長方形的放一起……最後才會依功能來分類。

顏色是一個物體最突出的特質，我們找東西時也常問：「什麼顏色？」若是顏色不符，即使物體符合其他條件，我們的注意力也會略過它。所以顏色的確在食物的吸引力上獨占鰲頭。

孩子會不喜歡某些食物，主要是烹飪不得法，不好吃。很多人認為嬰兒食物應該吃原味，不加任何調味料，所以給他們吃無糖無鹽無油、百淡無味的豆泥、馬鈴薯泥、蔬菜泥，孩子自然就吐出來了。其實調味是重要的，只要一點點的鹽、一點點的糖，就可以大大提升孩子吃的動機。

鹽是身體的必需品，人體細胞的正常運作需要鈉離子，缺少鹽，肌肉會收縮、痙攣，神經傳導功能下降，嚴重時還會休克死亡（曾有人因大量喝水，流失鈉離子而死），當然鹽會增加高血壓的風險，但過低也會增加心血管死亡率的風險（雖然血壓會降三．五％，膽固醇卻升高二．五％，而血脂升高七％）。鈉離子濃度太低，心跳會加速，甲狀腺功能退化，胰島素阻抗，胰島素升高，以及增加導致動脈硬化的荷爾蒙。

糖會則提升我們的愉悅感，如果注射糖水到子宮中，胎兒就會吞嚥比較多的羊水。每個孩子都愛吃甜，糖無罪，「適度」才是重點。

色香味對孩子來說，其實跟我們大人一樣重要，菜做得好吃，孩子什麼蔬菜都肯吃，就連苦瓜都可以接受。我曾看過學校的營養午餐有苦瓜，每個孩子都吃光光。好奇之下，拿了一塊嘗嘗，原來廚子放了話梅去中和掉苦味。燒得好、味道香，孩子一樣吃。

所以父母不必特意去騙孩子，只要菜做得好吃，大人做榜樣，孩子就接受。很多食物是大人愈愛，孩子愈搶，四川人和墨西哥人對辣椒的喜愛就是一例。

倫理，品德的基石

一位做犯罪調查的朋友很憂心的跟我說，他以前很少看到弒父、殺兄的逆倫案件，現在幾乎每個月都有，十幾歲的少年也狠得下心，用鐵鎚將一手把自己養大的祖母敲死。他說，倫理是安定社會的基石，這樣下去，國家一定「分崩離析」。他用這四個字，嚇了我一跳，隨口說了一句陳水扁時代的口頭禪：「有這麼嚴重嗎？」

他聽了很生氣，拿出一疊資料來給我看。我看到一起案子是父親每天做工養家，卻因穿了兒子的球鞋，被兒子爆打，不禁咋舌。朋友說這不稀奇，稀奇的是，有網友認為父親沒有尊重孩子的所有權，是「父權的餘孽」。我很不解，一個東西若是爸爸喜歡，不用他開口，我們都會雙手奉上，父母辛苦供孩子吃、住、上學，怎麼會為了一雙鞋而打父母呢？

或許我們現代的教育沒有讓孩子感受到父母的辛勞，但是一個高二的孩子應該讀過《詩經》「父兮生我，母兮鞠我，撫我畜我，長我育我，顧我復我，出入腹我。欲報之德，昊天罔極！」這一段，而且「出必告，反必面」本來就是子女應有的禮貌，怎麼會說出「我去哪裡關你什麼事」這樣的話？難怪現在的父母常痛心說，不是養兒防老，是養老防兒。

朋友又抽出一份資料說，不只家庭倫理不見了，連做生意的倫理也沒有了。一位女士叫外賣時，給錯了地址，快遞找不到人簽收，只好把食物放入自己的冰箱裡先冰著，想不到卻被那位女士告侵占。這位女士自己有錯在先，不思過，反告送貨員侵占，也令我大開眼界。

更離譜的還有所謂的「網紅」搬梯子，從窗戶爬入別人家去拍直播影片。這種完全不尊重別人財產權的事，真是匪夷所思。朋友說，法院裡很多這種案件，浪費不少寶貴的司法資源。他十分焦慮於過去良好的厚德載物傳統不見了，問現在可以做什麼來補救？

元朝呂思誠在詩作〈戲作〉裡說：「不敢妄為些小事，只因曾讀數行書。」我想，只能從教育著手。我們小時候，每天升旗時都要唸：「禮是規規矩矩的態度，義是正正當當的行為，廉是清清白白的辨別，恥是切切實實的覺悟。」六年下來，禮義廉恥深入我們心中，成為後來一生行為的準繩。自從二十年前，政府去中國化後，教導孩子做人做事的古文盡被刪除，使後來再長大的孩子不知什麼叫禮義廉恥，才會有這些奇奇怪怪的事情出現。

最近雲林縣長要中小學再掛上「禮義廉恥」的匾額，卻被某立法委員阻擋，說這是「威權復辟，獨裁遺緒」。其實，「禮義廉恥」是二千多年前管子說的話：「國有四維，一維絕則傾，二維絕則危，三維絕則覆，四維絕則滅。傾可正也，危可安也，覆可起也，滅不可復錯也。何謂四維？一曰禮，二曰義，三曰廉，四曰恥。禮不踰節，義不自進。廉不蔽惡，恥不從枉。故不踰節，則上位安；不自進，則民無巧詐；不蔽惡，則行自全；不從枉，則邪事不生。」

我們要趕快想一想，我們現在還剩幾維？

禮義廉恥是國家立國之道，是學生品德的基石，沒有它，不要說亡國，人跟禽獸還有什麼差別呢？

科技時代更需要學習力與好品德

近年來，許多父母很焦慮ＡＩ世代的來臨，之前大陸舉辦一個ＡＩ研討會，竟然吸引了五千名國內外業者來參加，使附近旅館暴滿，一床難求。

其實，用機器來替代人力是趨勢，我們擋不住，也不該擋，反而應該很樂意粗重的工作可以叫機器人去做，把我們寶貴的時間和精力釋放出來去做更精密的研究，替人類創造出更好的未來。

當務之急是要改變目前的教養方式，使孩子未來的工作不會被機器人所取代。

人工智慧主要衝擊四個行業——製造業、教育、醫療和金融。凡是可以編碼的動作都會被機器人取代，所以製造業首當其衝。但是機器人的設計仍掌握在人的手上，在現代，創意和設計比以前更重要。創意並非從天而降，它要有所本，這個本就在閱讀，當知識融會貫通時，新的想法就會出現。

至於教育，韓愈說的「師者，所以傳道授業解惑也」，這三樣中，只有「傳道」是機器人無法取代的。也就是說，在二十一世紀，教學的重點不在知識的灌輸，而在品德的教導。尤其在臉書洩漏五千萬名用戶的個資後，品德更顯重要。

很遺憾的是，臺灣法院的幾宗判決，都深深打擊了在第一線教導學生品德的老師，當太陽花的學生闖入行政院，翻箱倒櫃，擅吃別人抽屜裡的太陽餅，而沒有罪時，老師的話便沒有人聽了。

最近在一場講習會上，幾乎所有的老師都反映說，當行為偏差者被捧成了英雄，尤其那些跟老師嗆聲的學生被教育部選為學生代表後，學生的品德更難教導，學生認為：「學長這樣做沒有事，為什麼我不可以？」就好像有人插隊，沒有人制止，別人就紛紛插隊了。

韓非子說：「千里之堤，潰於蟻穴。」星星之火可以燎原，神經學家發現最基本的學習機制是模仿，所以對於不正確的行為，父母老師必須立刻制止，一旦壞行為模仿成為習慣後，即使後來花十倍的力氣都很難將已形成迴路的神經重組。

現代的教育不應再注重灌輸知識，因為機器人處理訊息的速度是人的千萬倍，人眼看得再快，一目十行就很了不起了，怎麼能跟一目千行的機器人比？但是機器人沒有靈性，它能歸類，卻無法做結論，也不能觸類旁通。所以不要再叫孩子背書，要訓練他從大數據中分析出結論的能力。

假如孩子從事的是創造性的工作，又有良好的人際關係能力（即高EQ）可以和別人共事，父母就不必擔心他未來會沒有工作。孩子有沒有一顆感同身受的同理心、仗義勇為的道德心，在二十一世紀就更為重要。作家王文華說得好，「機器人不會替你擦眼淚」，在機器的世代，人更需要人的關懷與溫暖。

時代在進步，新的工作會不斷冒出來，只要孩子有學習的能力，父母都不必擔心他未來會沒有飯吃。但是在科技時代，品德沒有教好，受害者將不是一個兩個，而是像臉書洩漏個資案一樣，是千百萬個。

因應二十一世紀社會的改變，父母要：一、讓孩子有學習新知的動力，以不被科技所淘汰；二、培養孩子良好的品德，以不會被社會所淘汰。做好了這兩點，就可以安心享受科技帶來的新生活了。

自薦與吹牛不同

一個學生來找我寫推薦信，我很猶豫，因為我一直認為一封真正有用的推薦信應該不只是描述學業成績而已。他雖然上過我的課，但是我對他印象不深，不知他人品如何：寫太好，有作假之嫌；寫不好，耽誤他的前程。正想推辭，他很會察顏觀色，馬上拿出一張紙說：「老師，我知道您沒有這個時間為每一個學生寫推薦信，我已經寫了一個草稿，您看一下，如果可以，直接在上面簽名即可。」無可奈何，只好接過來，他則站在我旁邊立等我簽。這態度給了我趕鴨子上架的不舒服感覺，便說：「我還有事，你明天再來拿。」

他走後，我把信稿拿來一看，大吃一驚，他竟把自己寫得天下無雙，人間難得一見，這種推薦信不能簽，這種觀念和態度也要不得。我急忙追出去，幸好他仍在等電梯，便把他叫回辦公室，問他：「你怎麼敢把自己吹噓得這麼好？」他瞪著眼睛驚訝的望著我說：「老師，在現代，如果你不會 sale yourself（推銷自己），你是沒有飯吃的。您不是在課堂上感嘆過中國人太謙虛，不會自吹自擂，所以在求職上輸給美國人嗎？毛遂不是因為自薦才成為千古佳話嗎？」

我嘆了一口氣，吹牛和自薦是不一樣的。毛遂敢自薦是因為他有真才實學，只是平原君的門客眾多，他未擠入小圈圈，便沒有機會顯現出來而已。他去到楚國後，舌戰群臣，說服楚王出兵，解了秦軍圍邯鄲之危，所以後世才有「脫穎而出」這個成語。但吹牛是沒有實質依據，把一分才說成十二分，英文有一句俚語「talk the talk, but can your walk the walk」（意指說一套做一套），光說不練成不了氣候，反而會誤事的。

我了解在現代社會爾虞我詐的割喉競爭中，曖曖內含光是行不通的，要「中庸」才行。我不贊成過度謙虛，把自己太太叫賤內，但也不認同把自己太太叫夫人，凡事實事求是就好。

學生若不懂得這個差異，會弄巧成拙。我常在甄試學生時，看到他們在履歷上填「精通」英日語，但是叫他用該語言介紹一下自己，卻又結結巴巴講不出來。這會產生反作用，因為不誠實是品德最大缺點，尤其科學是求真，過度誇大反而會害了自己（如果真有能力，不妨附上證明，這會加分）。

學生疑惑的問：「目前人浮於事，申請信那麼多，如果我不誇大一點，別人怎麼看得見我呢？」這是個好問題。最好的方式是讓別人來替你說。別人說是稱讚，自己說是自誇。老子在《道德經》中說：「不自是，故彰；不自伐，故有功；不自矜，故長。」君子以同道為朋，你可以請朋友寫。這也是為什麼求職往往都需要推薦信。

推薦信是以推薦者的名譽去為被推薦者作保，因此下筆要謹慎。一般來說，最有力的推薦信是社團老師寫的，因為他能從日常生活中看到學生的人品與特質，而這才是學生真實的樣貌。

閱讀好書，培養定見

最近因為選舉的關係，社會很亂，很多價值觀都被政客操弄到是非不分，甚至顛倒了。有老師來信說不知道在這種混亂的大環境下，如何教孩子品格？

品格的培養是個潛移默化的歷程，愈是在亂世，正確的價值觀愈重要。除了父母的身教，忠誠、正直、公平、正義這四種核心價值觀要能融入孩子的生活中，閱讀偉人的傳記是個很好的方法。

其實不一定要偉人，只要是典範即可。

一個人能在歷史留名，必有過人之處，孔子曰：「三人行，必有我師焉。」讀傳記可以超越時空的限制，無遠弗屆的去學習這個人的長處，更可以去反思為什麼他會產出不同的觀點，又如何能突破環境限制，把自己的想法實踐出來，在歷史上留名。

我中學時曾讀過福特汽車公司創辦人亨利．福特的自傳，看到他說「我只需要一雙手，卻必須僱用整個人」時很震撼，他不愧是資本家，一般人不會去想「只要一雙手而不要一個人」的方法，後來，汽車工業果然是最早以機器手臂取代人工進行組裝的行業。邁入ＡＩ時代的此刻更可以發現，一個人如果不用大腦，一定會被淘汰。

福特為何能在一百年前就看到未來的企業不會再僱用只能提供一雙手的人？他的傳記就有了可讀之處了。一個念頭的產生往往導致一個產業革命的出現，為了只要手來做事而不要養活那張口，二十世紀機器人的時代就此來臨。

請盡量讓孩子閱讀好書和好的傳記，選舉是暫時的，有正確的價值觀和人生觀，孩子自己會有定見，不會隨風搖擺，自然就會撥亂反正了。

閱讀思考，激發創造力

思想是個很奇妙的東西，它像丟進水塘裡的小石頭，會激起無數的漣漪，但它往外擴散的大小卻是無法預測的，因為它跟水質的清濁有關。在聯想力的實驗上，我們給學生看一個字「光」，在一剎那之間，這個「光」就激發了跟「光」有關的詞語如光明、光亮，也會激發跟這個字有關但意義不同的「光棍」。

光棍不是光的棍子，就像「風流」不是風在流，光棍本身又會激發很多跟光棍有關的結婚、媒婆、丈母娘……，這個語意的觸發與連結就是創造力的根本，所謂「觸類旁通、舉一反三」。

因此我們鼓勵孩子大量閱讀，因為閱讀帶來字的聯想。每個人的經驗不同，每個人的聯想也不同，常常，幾個人聚在一起，腦力激盪就想出了前所未有的點子，印證了「三個臭皮匠勝過一個諸葛亮」。所以早期有「brain storm」（腦力激盪），每個人天馬行空的思考，可能就激出解決問題的火花。

閱讀是創造力的根本，大腦裡必須先有很多的連結，當腦中點子一出現，電流通過時，才能跳到另外一條神經迴路上，創造出本來沒有的東西。考慮過的迴路，就是被活化的迴路。

一條迴路被活化後，在這條迴路上的神經元都接受到電流的衝擊，各自活化跟它們有關的神經連結，就好比一個東西綁了一條繩子丟入古井，若是繩子斷了，這個東西便沉在井中取不出來了。但是如果有很多條繩子綁著這個東西，那麼一條斷了，還有其他條可以將物體取出。思考過的東西就像有多條繩子，容易提取了。

美國賓州天普大學的研究者看到了這個活化思想對數學教育的幫助，便在費城的公車站旁邊放置了很多跟空間和科學有關的藝術品，如迷宮牆、跳房子的地上圖案、藏有隱形圖案或幾何圖形的巴士牆，結果發現效果很好，孩子開始問父母這些數學圖形的意義。

會乘坐巴士的都是經濟比較弱勢的家庭，請不起保姆時，父母出外辦事必須帶著孩子同行，等車的空檔，孩子會去看、去摸、去玩這些科學藝術品，激發了他們跟科學有關的神經迴路，這所創造出來的漣漪說不定有一天會製造出下一個愛因斯坦。

其實，生活中到處都有科學，也很容易隨手創造出一個有利科學思考的環境，費城是個好例子，臺灣，尤其是偏鄉，不妨這樣試試看，誰知道呢？下一個改變世界的人可能就在臺灣。

大腦喜歡紙本書？

一個朋友買了新房要入厝，我猶豫著該買什麼禮物，心想，書最好，書香可以蓋過銅臭，尤其他又有學齡的孩子，便精挑細選買了兩本老少咸宜的經典書帶去。想不到他一看，立刻說：「我家沒有書櫃。」我抬頭看，果然沒有，心裡很震驚，因為他是靠知識謀生的老師！

他很得意的說：「現在誰還看紙本！我看電子書，方便得很，你們要等書印出來才看得到，我在線上即時看到！」我當時沒有說話，心中頗不以為然。

我們的大腦對地點（location）的記憶是不花力氣、登錄在基因上的。考填空題時，雖不知道答案是什麼，但是記得在書的右下角。我們的祖先必須對地點記得很清楚才能生存得下來，例如在此處採過很甜的漿果，明年此時再來就有東西吃；在某處打水，差點被老虎吃掉，下次就得換個地方打水……

這個地點的資訊自動跟知識掛鉤，也就是說，「what」和「where」是緊密連接的，它幫助我們記憶。

英國皇家學會的院士，約克大學的心理學教授巴德利（Alan Baddeley，研究記憶的人一定知道他，「工作記憶」這個名詞就是他提出來的）讓受試者穿潛水衣在水下學習，結果發現，在水裡學的生字，在水中回憶得比較好。

電子書的頁面會因螢幕大小和字級、字距、行距的設定而改變，它缺乏紙本的穩定性。

讀電子書眼睛也容易疲勞，尤其手機螢幕小，要不停的滑，使下面的文字顯現，這對閱讀來說，是個干擾。因此，坐飛機時，我用電子書，因為它輕便，在家時，我一定讀紙本書，尤其下雨天，泡杯茶，讀本好書，是人生的一大享受。現代年輕人不愛讀書，不知是否跟他們沒有機會領略到這種意境有關呢？

閱讀和瀏覽在大腦訊息的處理上不一樣。瀏覽是大略的看過去，站著、坐著、躺著都沒關係，知道內容而已。但是要看比較深奧的東西，如愛因斯坦的《相對論》或法律條文之類的內容，就必須坐下來好好閱讀。

讀書是眼睛一邊讀，大腦一邊依照前文去預測後面應該是什麼，如果後面的字符合大腦的預測，眼睛便一路看下去，如果不符合，眼睛會立刻回歸（regress）到前面去看哪裡出了錯，許多語言都有多義字，例如「bank」可以是銀行，也可以是河岸，會造成混淆。

若沒有邊讀邊想，書的意義便沒有進入大腦，我們有時讀書心不在焉，雖然眼睛也是在看，但是書一合上，馬上就忘記了這本書在講什麼。電子書的壞處是它不太讓你想，有時停下一想，螢幕就沒了，你也不能一邊想、一邊去找前面的句子，因為地點改變了。

這個回歸的歷程是不自覺的。我們用眼動儀做閱讀的研究時，發現人的眼睛是一直不停的來回跳動，尋找前後文的呼應。雖然在讀電子檔時也會，但過程卻不像讀紙本書那樣完全自動化。

科技帶給我們方便，對電子書我們不可能螳臂擋車，但是偶爾碰到沒有電、沒有手機的時候，若有一本好書，「風簷展書讀，古道照顏色」，那個境界是電子書無法取代的。

歧視，是教出來的

從有了智慧型手機以後，朋友之間的聯繫熱絡了很多，不論身在何處，只要有LINE或WeChat，天涯若比鄰。

有天，美國的朋友打電話來，劈頭一句話就是：「我們何去何從？」

原來，她女兒去醫院生產，請她晚上去照顧四歲的外孫女光光。光光在上床前，很鄭重的向上帝禱告，請祂一定不要把妹妹生作黑人，也不要把妹妹生在美國。

她聽了好笑，就故意說：「你現在才告訴上帝，來不及了，媽媽已經去醫院生妹妹了。」

光光一聽就大哭，說：「不要，不要！」

她不知道光光為什麼會這樣，直到她回客廳看電視時，才恍然大悟，孩子是被嚇到了。因為電視新聞一直在重播黑人被壓在地上說「我不能呼吸」那段，以及白人警察推打示威黑人群眾的畫面。

但是警察打的人裡也有白人，為什麼光光只覺得生作黑人不好呢？

她突然想到可能是大人的關係。

她自認沒有種族歧視，但是也曾罵過黑人「黑鬼」，尤其是被危險超車或看到黑人隨意穿越馬路時。她問：「為什麼古今中外都有『非我族類，其心必異』的歧視？它是天生的嗎？」

我聽了，腦海浮出一張圖片：在超市裡，兩個背著孩子的媽媽，一黑一白，背對背在很窄的通道中挑物品，母親的臉上沒表情，背上的孩子卻笑著伸出了手，想要觸摸對方。

研究發現，幼兒園裡的孩子，不論種族，都可以一起玩，但是進了小學以後，

「你跟我不一樣，我不跟你玩」的觀念就出來了。也就是說，種族歧視不是天生的，是大人加諸於孩子的。大人在生活中不經意的歧視語言會替孩子貼上標籤，當然更有父母是直接告誡孩子「不要跟黑人玩」。

朋友說，五十年前，她剛去美國留學時，美國國力強盛，人民富而有禮，她以為找到了桃花源，這一輩子不必像她父母那樣逃難，可以安心的扎根下來了。但是這次暴動使她心中深處一直不敢面對的恐懼冒了出來，她知道她再怎麼努力參加公共事務，仍是不被認同的「外國人」。

雖然研究已經指出，沒有純種的雅利安人，更沒有他們較為優越的證據，但是高級知識份子心中仍有白人的優越感。

過去朋友認為「埋骨何須桑梓地，人間到處有青山」，現在她問：何處是兒家？

好習慣有多威？幫你省一萬小時

我去聽一場演講，時間到了，卻沒有開始。我有點驚訝，臺灣自從有了高鐵之後，守時多了，因為高鐵逾時不候，嗚笛就關門，人們受過教訓後，對時間的掌握就敏感多了。這時，主持人上臺道歉，演講者沒有趕上高鐵，所以會延遲開始。大家一聽，都掏出手機滑了起來。我想到七十歲的朋友半夜起來上廁所都要看一下手機，不禁啞然失笑。

賈伯斯在短短的十年間，徹底革命了我們的生活。

手機滑完，演講者還未到，會場出現了嗡嗡的交談聲，我旁邊的人問他隔壁的人：「你怎麼會來聽這場演講？」

對方嘆了一口氣：「我每天瞎忙，所以想來聽聽〇〇（即演講者）怎麼利用他的時間，你知道，他是我大學同學。」

時間的分配是門藝術，也是個習慣，它可以教，但要從小教，老子《道德經》：「知人者智，自知者明。」孩子還沒有到自知的階段，需要父母來教，只要持之以恆，大腦神經細胞連接成了迴路，習慣就養成了。懂得分配時間後，零星的時間就可以派上用場，積少就成多了。

多年前我懷孕時，很擔心事業與家庭不能兼顧，一位護士對我說：「每天做不緊急也不重要的事，你是迷茫；每天做緊急但不重要的事，你是無事忙；每天做緊急又重要的事，你是經理；每天做重要但不緊急的事，你是媽媽。」她微笑說：「只要去做重要的事就好了。」

光陰如白駒過隙，但是只要不讓它空過就沒有關係。史丹佛大學有位教授把人一生花在吃飯、睡覺上的時間做了一個表，結果發現人一生花十五個月的時間在找東西。如果有好習慣，東西用完放回原位，就不需要找。愛因斯坦說：「人的差異產生於業餘時間，業餘時間能成就一個人，也能毀滅一個人。」別人找東西時，你在看書，你就比別人多了知識。

大腦從一個主題切換到另一個主題至少需要半秒，所以一心多用是錯的。美國鋼鐵大王卡內基（Andrew Carnegie）不贊成把雞蛋放在不同的籃子裡，他說，智者把他的精力、思想和本金都放在一個籃子裡，因為他的眼睛只能盯著一個籃子看。

人一生若能專心做一件事，哪怕每天只多做一點點，最後也會成功，因為一．○一的三六五次方是三七．八，時間，掌握在自己手上。

教育的真諦在改變心

有個同事很疑惑的問我：「如果一個學生一直考不及格，老師就會找他來叫他用功；如果他很用功，卻考得不好，老師就會教他改變讀書的方法，這不是很基本的道理嗎？為什麼還需要做研究？這研究還可以刊登在期刊上？」

原來，美國北達科他州立大學一個教授看到他們理工科的學生中輟率很高，不解為何學生會畢不了業、功虧一簣，便找了四百九十六個大一新生來反思自己成績不好的原因；再給他們看兩個學生在檢討成績不好是因為自己不夠努力、讀書的方法不對（這是自己可以控制的因素），而不是獎學金不夠、老師教得不好（這是不可控制的因素）的短片；最後再把學生分組，討論「歸因」的重要性。

結果發現，那些高中成績不好的學生在經過正確歸因到自己身上後，中輟率降低了六六%（相較於五一%只填問卷的控制組）。

研究者指出，成績不好的學生比較不懂得檢討，不會習慣性的去找出失敗的原因，然而這是可以教的，教會以後有長期的效果，長期追蹤這些學生，發現後來甚至有人去念了研究所。作者指出，教學前應先確定學生對學習的觀念和方法是否正確，而老師們常忽略這一點。

多年前，一個清華的畢業生告訴我，他是他們村裡唯一上大學的人，他大部分的同學畢業後就進了工廠，他原本也預備這麼做，是他的老師有天跟他聊起念大學的種種，使他起了這個念頭，才去報考，沒想到竟然考上了。

我聽了很驚訝，這才知道，如果生活中沒有人給你其他的想法，你就會和周遭的人一樣，每天過著同樣的日子，因為人們大都性喜守成不變。但是如果有一個機緣，接觸到了不一樣的東西，便能走出一條不一樣的路來。讓功課不好的學生看到可以改進成績的方法，對他們來說，就是一個機緣，人生從此得以不同。

這個研究的確沒有驚人的發現，它會被刊登，是因為它以長期追蹤的實徵研究數據，點出一件老師很容易做卻沒有去做的事——找出學生成績不好的原因，並指出正確的路。

我們每每勤於教導知識，卻忽略了攻心為上，改變觀念才能改變行為。韓愈的《師說》把傳道放在授業和解惑之前是對的，因為教育的真諦在改變心，從來不在行為。

任何事取決於心態

週末，我約朋友一起去吃中飯，她在拿菜時，一個不小心，讓盤子掉在地上摔破了。她剎時臉色發白，身體顫抖，像是要昏倒了，我急忙跳起來去扶她，心中不解為何打破盤子會讓她驚嚇到這個地步。

她坐下來，恢復了元氣後，很不好意思的說，童年時，她家極窮，每個人就只有一個碗吃飯，打破了就沒碗可用。她還小，手還沒有什麼力氣的時候，曾經在幫忙收洗好的碗時，讓疊在一起的三個碗掉在地上摔破了。她母親很生氣，都沒有錢吃飯了，還把碗打破，就狠狠打了她一頓，打到不能去上學。這個記憶使她至今聽到盤碗打破的聲音都還會發抖並引發極端的恐懼。

我聽了好不慘然，在我們成長的窮苦歲月裡，父母親不是不愛孩子，而是物資極端缺乏之時，肚子都顧不過來，哪還有精力去顧孩子，更不要說孩子的心理創傷。而且人在疲累時容易遷怒，以前的父母常會打小孩出氣，心中明知他們不是故意的，卻因經濟的壓力，對生活中的意外無法釋懷。

我也有同學因為不小心遺失一把傘在火車上，走五里路回去火車站找，他祖父告訴他：「找不到就不要回來。」

想到元稹說「貧賤夫妻百事哀」，許多富人不足掛齒的小事，卻是窮人生活中的大難。只是，天下窮人都一樣，每家應付窮的方式卻不一樣，大人若能以正向的態度來看待不幸，這些不幸有時反而可以轉化為凝聚一家人感情的家庭傳統。

我的指導教授來自清教徒家庭，家中清苦，父母至儉，他們家也是每個人只有一個盤子可以用。有一次他不小心把盤子摔破了一角，雖然還可以用，但常會割到手指，拿到那個盤子的兄姊不免會抱怨發牢騷。他父親就跟大家說，天下間的事大部分是不完美的，但是人類有力量可以使不完美變為完美。從現在起，誰拿到那個缺角盤子，其他人都要上前吻他一下。大家一時覺得很有趣，吃飯時，搶著去拿有缺角的盤子，久而久之，這變成了家庭的傳統。

後來他們畢業出來賺錢，改善了家裡的經濟，也添購了全新的盤碗，他父親過八十歲生日時，大家回鄉祝壽，沒想到他父親仍然保留著那個缺角的盤子。他回來告訴我，那天大家是如何爭相取用那個有缺角的盤子，令我非常的感動。

人生沒有十全十美，形塑我們的不是經驗，而是回應經驗的方式。每個家庭都應該有一個自己的傳統來維繫這個家族的歸屬感，它是只有一起長大的手足才知道的故事。

父母可以告訴孩子，任何事取決於心態，事情已經發生就不要抱怨了，下雨了，就把傘打開，從正向的角度去處理眼前的難題。

講起來，我很遺憾朋友的父母比較悲觀，也不太幽默，一樣是打破盤子，兩個孩子卻有完全不同的人生經驗。

別再逆來順受

我去匹茲堡大學開會時，聽到一篇發人深省的報告。一位賓州大學商學院的教授說他想知道人們頻換工作的原因，尤其在各個公司客服部工作的人員，他們每天要接聽無數的抱怨電話，為什麼有人可以一做五年，而有人一年換五個工作？

他蒐集了三萬份資料來分析時，發現所有他原來預測的因素都不對，最有關係的竟然是他們當初是從哪個網站上找到這份工作的。

他發現，使用 Firefox 和 Google Chrome 的人，與使用 Internet Explorer 或 Safari 的人相比，在同一種工作上，有一五％的人做得比較長久，有一九％的人比較少請假。他再從三百萬筆銷售的顧客滿意度和顧客通電話長度的資料中，來看這兩組人的工作表現，發現前者的銷售成績好，跟客戶講電話的時間短，客戶滿意度高，他們在九十天內達到了後者要一百二十天才能達到的顧客滿意度。

為什麼會有這個差別呢？這兩組人都是經過考試進來的，他們對電腦作業的熟悉程度都一樣，用 Firefox 和 Google Chrome 的人並沒有在電腦或打字上比另一組更優秀。那麼是為什麼呢？

原來，差別在於他們為什麼會使用 Firefox 或 Google Chrome 來上網。這兩者不是電腦原裝軟體，需要另外去下載來用。每個廠牌的電腦都有自己的原裝網路瀏覽器，例如跟著 PC 電腦來的是 Internet Explorer，跟著麥金塔電腦來的是 Safari，若要另外使用 Google Chrome 或 Firefox，你得特別去下載這個軟體。也就是說，你不是有就好，你會主動去尋找更好的。

那些做得久的人，是額外花工夫去找更適合自己的網路瀏覽器的人。他們具有主動性（initiation），會主動讓事情發生。

當客戶打電話進來抱怨產品時，使用電腦原裝軟體的人，會根據傳統的SOP流程，照本宣科的說：「抱歉，這是本公司的規定，我無能為力。」但具有主動性的人會想辦法去解決這個問題，讓公司和顧客都滿意，做到雙贏。僅這一點差別，造就了工作上的差異。

那些接受電腦原裝軟體網路瀏覽器的人，把工作看成是不能改變的，必須按照公司規定的標準流程去跑。久而久之，他們會厭倦一成不變的生活，會開始請假，開始想跳槽。

而那些會主動去找更好方法的人，以不一樣的方式看待他的工作，每一天都是一個新挑戰，他們會找新方法去賣這個產品，找新方法去說服客戶。碰到問題時，他們會想辦法解決，而不是兩肩一聳、兩手一攤，說：「沒辦法，這是公司的規定。」他們會想辦法改善環境，創造他們想要的空間，工作自然做得久。

這場演講令我悚然而驚，因為我們其實是屬於接受原裝軟體的那一群人。我們從小被教導要逆來順受，不要無事生非，不要抱怨，把自己分內的事做好就好。

難怪蕭伯納說：「講理的人適應這個世界，不講理的人堅持要讓這個世界去適應自己，因此所有的進步都來自不講理的人的堅持。」

我們的教育觀念，該改了。

幫助孩子發展心智，你可以這樣做

遊戲是兒童心智發展很重要的一環，它可以增強孩子的語言、認知、空間理解能力，所以現代家長都很重視孩子的遊戲。而什麼樣的遊戲方式才最適合孩子智能的發展，變成父母所關心的議題，尤其是所謂「優質陪伴」（quality time），大人究竟要不要陪孩子玩？還是買玩具給他，讓他自己去玩？

有人說，要讓孩子自由玩，大人不要在旁邊下指導棋；又有人說，有架構的遊戲才會啟發孩子的智慧。其實，遊戲就像食物滋養身體一樣，最簡單的常常就是最好的。

一般來說，同年齡的玩伴遠勝於最昂貴的玩具，相較起來，孩子更喜歡玩伴，而不是大人的陪伴。但是所有的幼兒都需要安全感，父母陪伴的一個最大的目的就是提供孩子安全感。

美國很多房子的起居室（family room）和廚房之間並沒有完全隔斷，就是為了讓孩子在玩耍的時候可以看得見在廚房裡做飯的媽媽，維持他的安全感。許多學者都認為，寶寶和你在一起，聽你說話，看你做事或和別人互動，就是對他們最好的陪伴。

優質陪伴的問題在於，當父母有時間可以陪孩子玩時，孩子可能不是正需要人陪的時候。學習是一件很奇怪的事，它得主動想要做才會造成神經的連接，一定是你想學，才學得進去，強迫是無用的。我曾經看過一個在沙坑玩得很高興的孩子被媽媽抓起來親子共讀，孩子大哭，一直要跑回沙坑去，這時的陪伴是無效的。

至於遊戲要不要有架構、有老師在旁邊引導，可以參考法國神經科學家狄漢（Stanislas Dehaene）的《大腦如何精準學習》（*How We Learn: Why Brains Learn*

Better Than Any Machine... for Now），裡面討論了幼兒園的各種做法，有完全放任孩子自己去探索的，也有像蒙特梭利那種，雖然也是鼓勵孩子探索，卻是由老師透過各種教具引導孩子去思考。

狄漢認為，年幼的孩子不可能從遊戲中去摸索出抽象的東西來，而是必須經過引導。人類幾千年累積下來的文明不可能由孩子自己在遊戲中探索出來。

一般來說，只要孩子跟別人一起玩，怎麼玩都沒有問題，比較不好的做法是讓3C產品當保姆。

最近有神經學家研究發現，3C產品最大的問題不是在螢幕造成的眼睛傷害，而是播放的內容節奏太緊湊、太快速，這會改變兒童心智的「內在節拍器」。

內在節拍器通常於兒童三歲前開始發展，幫助兒童了解外在世界的運作速度，若內在節拍器運作速度太快，孩子以後可能會出現過動或注意力缺失的問題。這項研究結果，目前僅在老鼠實驗中獲得證實，但是不排除應用到人類身上的可能性。

大腦對環境的敏感度我們現在知道的還太少，有些影響是好是壞還待時間來告訴我們。但我們有責任提供孩子一個乾淨安全的生長環境，更不要貪圖一時方便，將３Ｃ產品當作保姆，以免將來後悔。

不管現在的遊戲設計得多好、互動性有多高，孩子需要和另一個人以正常速度互動，這才是父母陪伴的真諦。

帶孩子沒有一定的法則，每個孩子的需求也不盡相同，端看父母自己的時間和能力，總之盡量陪他，但若為生活奔波而無法時刻相伴，也不必有罪惡感，父母只要盡心盡力便好。

沒有人是十全十美的，一家人和樂的在一起生活，才是幫助孩子心智發展最好的方法。

給孩子的終生禮物

孩子的智商是基因和環境互動的產物，智商好比一棵植物，它長得好不好是受到種子（遺傳基因）和環境（泥土、水、日光）的影響。

一顆好的種子，在好的環境裡可以長到二尺高，但在貧脊的環境可能長到一尺就是極限了。相反的，一顆不好的種子種在好的泥土裡，有人殷勤灌溉施肥也可以長到一尺高。

基因像蓋房子的藍圖，每個人都有四個腦葉，都有海馬迴、腦下垂體等大腦的結構，但是環境就像室內裝潢，裝潢的品味決定房子的價值。基本上，智商是先天和後天的交互作用，聰明才智不是你有多努力，而是你大腦運作的效率。

睡眠跟孩子的認知能力有關係，睡得太多或太少都不好。一般來說，剛出生一到兩個月的嬰兒要睡十至十八小時；三到十一個月的嬰兒要睡九至十二小時（午睡是半小時至兩小時，一天一到四次）；一到三歲的幼兒要睡十二至十四小時；三到五歲的幼兒園孩子要睡十一至十三小時；五到十二歲的小學生要睡十至十一小時；十一到十七歲的青少年要睡八．五至九．五小時；大人需要八小時的睡眠；中老年人則需要六至七小時。

智商跟突觸（Synapse）的密度和神經纖維外面包的髓鞘有直接的關係（突觸是神經元中間的那個小空隙，髓鞘是神經纖維外面包的絕緣體），規律的睡眠幫助大腦的發育，三歲時沒有規律睡眠的孩子，智力測驗分數低於有規律睡眠的孩子。

有些孩子晚上睡不好，一到三歲的孩子中，有二〇％至三〇％的孩子晚上會醒來，夜間醒太多次會影響孩子以後的健康，他們到五歲時，在詞彙測驗上的分數較低。就算兩歲以後睡眠有改善，六歲時非語文測驗（No-verbal test）的分數還是低，因為大腦的發育已經受影響了。

睡眠無法三天不睡，再大睡三天補回來，這就是為什麼從小養成良好的睡眠習慣很重要。晚上常醒來的孩子在ＩＱ測驗上比睡眠正常的孩子少二・四分，加州大學的實驗顯示，當一個人持續三十五小時不睡，簡單的詞彙記憶會衰退四〇%至六〇%。

我們每個人的大腦中，都有個生理時鐘，位於視叉（Chiasma）的上面，叫做「視叉上核」（Suprachiasmatic Nucleus, SCN），當天黑、光線慢慢暗淡時，它就會活化起來，送訊息到松果體去分泌褪黑激素（Melatonin），使我們打哈欠、想睡覺。ＳＣＮ對光敏感，所以坐飛機跨越國際子午線會有時差（jetlag），因為東半球的白天是西半球的晚上。上飛機後，空服員會把所有的窗戶關上，營造黑暗的夜間氣氛，幫助旅客調整時差。

美國居住空間比較大，孩子可以有自己的房間，若是跟父母睡，父母會等孩子睡著後，再悄悄起來做事，盡量保持安靜不驚擾孩子。不管獨立睡或跟大人睡，時間到了就上床熄燈睡覺是很重要的紀律。若是每天睡眠時間不定，孩子大腦褪黑激素的分泌不穩定，孩子的睡眠就出問題了。所以要養成孩子良好的睡眠習慣，父母本身作息要有規律，按時起居生活。

要養成好習慣有一個方法，就是給孩子一個上床儀式——先刷牙，換睡衣（換了睡衣就表示不再出門了，因為有良好教養的人，睡衣是不可以穿出門的），父母拿本書唸給孩子聽，或講床邊故事。成為習慣後，一換上睡衣，孩子的大腦便做出睡覺的預期，很快便會入睡。當父母說「bed time」，孩子就會乖乖去刷牙換睡衣，因為習慣成自然，它已經變成生活的一部分了。

睡眠影響孩子的學習和健康，養成生活的好習慣，是我們給孩子的終生禮物。

知識，改變行為最好的力量

一位朋友很自豪她女兒教得好，到了國中仍然對長輩有禮貌，吃過飯自己會上樓去做功課，不需要大人催促。她買了手機給女兒，但手機內沒有電玩遊戲、沒有臉書，純為報平安用，女兒也沒有抱怨或囉唆，大家都承認她這個女兒的確教得好。

想不到有一天，朋友突然來找我，她意外發現女兒在房間內不是做功課而是在跟同學傳簡訊，一個晚上會傳五十封以上，浪費寶貴的做功課時間聊一些言不及義的八卦，難怪功課要做到十二點鐘才能去睡。她說她不能直接跟女兒談，因為她不能讓女兒以為她偷看手機或監視女兒。她問，該怎麼讓女兒知道，言多必失，話傳來傳去，最後會傷害到別人和自己？

這的確是棘手的問題，這個時期的孩子最重視隱私，不喜歡父母管太多，更怕父母嘮叨，告訴她什麼可以做、什麼不可以做；加上青春期的孩子有認同的危機，常常要靠這種閒聊來確定自己還屬於某一個群組，這種歸屬感對青少年非常重要。一九六二年諾貝爾文學獎的得主史坦貝克（John Steinbeck）便說：「孩子最害怕的是沒有人愛，被拒絕是他們最害怕的地獄。」這種交換祕密的悄悄話，對女孩來說尤其重要。

我突然想起她的女兒環保意識強烈，曾經義正詞嚴的指責我們大人垃圾分類沒有做好，說不定可以從這一點著手。

研究發現，英國人每天寄送六千四百萬封不必要的郵電（所謂不必要是指謝謝、感恩、上帝祝福你等客套話），如果每個人每天少寄一封電郵，英國一年可以減少一萬六千四百三十三噸碳排放量，相當於八千一百班次從倫敦飛往西班牙馬德里班機的碳排放量。其實，追劇也會造成巨大的碳排量，法國去年線上影音串流製造的碳排量相當於西班牙一年的碳排量。大部分的人不知道看半小時節目會製造

一．六公斤的碳排量，也不知道隨便送個簡訊出去會對地球造成這麼大的傷害。

英國的研究報告出來後，有七一％的英國人認為如果對環境有幫助，他們即使沒有收到謝謝電郵也沒關係（英國是個很重視禮貌的民族，收到禮物或去別人家作客，回來後一定要寫謝卡道謝；新娘子在婚禮後兩個禮拜之內，要親筆寫謝卡給送禮的人），可見環保議題應該可以打動支持者的心。

簡訊的確是一個既便宜又不打擾對方的溝通方式，再怎麼極權的政府都無法禁止人們不去使用它（它不像電話，鈴聲響起時，如催命符般，逼著人們放下手邊的事，跑步去接它），所以與其說教，惹孩子反感或嚴厲禁止，不如喚醒孩子的良知，讓她自動自發的去減少碳排量。我便建議朋友在吃晚飯時，有意無意間，告訴孩子使用網路也會產生碳足跡。從汙染著手，讓孩子從心中認同不送不必要的電郵，來解決地球暖化的問題。

兩個月後，我再碰到這位朋友。她說孩子上網去求證後，自動減少了傳簡訊的次數。知識萬歲！它的確是改變行為最快、最好的方式。

為人父母，莫忘初衷

之前網路流傳著一個九歲孩子自編自彈自唱的歌〈我只是個孩子啊！〉，歌詞裡有一段是：

「隔壁鄰居小明，期末又考了第一；王大媽的孫女，鋼琴她過了十級；我爸戰友的兒子，一口流利的英語；我媽同事的女兒，有深厚的舞蹈功底。聽到這些消息，我只能默默不語。你們的期待，我都明白在心底。無憂無慮的日子，已經變成回憶。晚上睡覺常常夢見，做錯的那道題。我拿著試卷不敢去簽名，因為分數沒到老爸的預期。我知道少壯要努力，可為什麼要和別人比？」

這首歌在網路暴紅，是因為它唱出了許多孩子的心聲。

二○○七年，臺灣成立了一個「愛你一輩子」的家長團體，因為那時父母所犯的正是這個孩子在歌裡唱出來的錯誤。當孩子出生時，父母都好感恩，發誓會愛他一輩子，對他沒有要求，只要他健康快樂的長大。但是當孩子開始上學後，這些初衷就被父母忘記了。父母拿孩子跟別人比，把自己做不到的事投射到孩子身上，盼望他成龍成鳳，這些期待壓得孩子透不過氣來，活得很痛苦，甚至選擇自殺，所以後來成立了這個家長團體，提醒父母勿忘初衷。

教養孩子不只是注重功課和成績，更重要的是品德與好習慣的養成。比如說，天轉涼了，很多父母會提醒孩子加衣服；電腦打久了，會叫他起來動一動，讓眼睛休息一下……這些都是好意，但孩子若是從小沒有養成「父母呼，應勿緩」的規矩，對父母不尊敬不感恩，父母一再重複時，孩子就會不耐煩，大聲頂回去說：「不要你管，我的身體我自己會注意。」遂造成親子衝突。

有個兒子對他媽媽說：「家是說情的地方，不是講理的地方。」這個媽媽來信問：「這句話對嗎？難道為了避免親子衝突，我就不要管教孩子了嗎？」

她當然要管，家是教養孩子的主要場所。愛護孩子的第一件事便是在平日生活中，把孩子的行為和禮貌教好。之前新聞報導，基隆一所小學的學生拿著水瓶去飲水機裝水。不知怎的，開始有人用水瓶打水戰，初時潑的是冷水，後來就有人裝攝氏一百度的滾水去潑同學，造成二度燙傷送醫。

這件事除了父母應該教導孩子滾水會燙傷（我父親教我添茶時，一定把杯子放在桌上，不可以一手拿杯、一手沖開水），另外還有浪費能源的問題。飲水機是插電的，臺灣現在能源吃緊，怎麼可以把電爐燒的開水潑出去浪費呢？

家是孩子最早的學習場所，父母是孩子最初的老師，父母若能記得孩子剛出生時的心情，就不會拿他跟別人比（《親子天下》雜誌曾經有個調查：國中生最討厭的是什麼？答案是：別人家的孩子），也不會以罰寫一百遍的方式去改正他的錯誤；而是會蹲下來，從孩子的眼光來看事情……

若能不忘初衷，合情合理的管教孩子，他們怎麼會需要去唱歌來提醒父母、家長怎麼會需要成立守護團體來保護孩子呢？

AI世代需要
翻轉大腦

弄假可以成真？

加拿大麥克馬斯特大學（McMaster University）的研究者最近做了一個很有趣的實驗：他請戲劇學校專攻「體驗表演法」（Method Acting）的學生在演完《羅密歐與茱麗葉》後，躺在核磁共振中，從自己的觀點、別人的觀點、劇中角色的觀點來回答四種問題：

一、你會在沒有受邀的情況下，闖入（gatecrash）一個派對嗎？

二、你認為你的朋友會嗎？

三、假如你是羅密歐（或茱麗葉），你會告訴父母你愛上仇家的孩子嗎？

四、用英國腔回答上述問題（這些學生都是加拿大人）。

結果發現，大腦因為回答的情境不同而活化程度不同，入戲愈深，大腦前額葉皮質區對自我的壓抑愈大，入戲到忘我的地步時，就會發生像艾爾帕西諾（Al Pacino）受傷之事。

艾爾帕西諾在電影《女人香》（*Scent of a Woman*）中扮演一個盲眼的退伍少校。他拍完戲出來，走路撞到樹枝，把眼睛刺傷。

有人問：「你明明看得見，怎麼會走到樹叢裡？」他說：「扮演盲人，就要進入盲人的狀態，用盲人的思維，才會把戲演好。我做盲人後，眼睛雖然看得見，但是大腦已不再處理眼睛送進來的訊息，我就被樹枝刮傷了。」他能如此入戲，難怪會以這部電影拿到了奧斯卡金像獎最佳男主角。

我們比較想不到的是，口音也會加強入戲程度。

演《亂世佳人》中郝思嘉的費雯麗是英國人，在戲中，她需要以美國南方女性的聲調說話，結果她南方口音愈流利，她的舉止就愈像南方佳麗。

京劇也是一樣，不管劇中人是哪裡人，一說京腔，那個角色便活了起來。《羅密歐與茱麗葉》其實是義大利貴族的故事，但是此劇是英文發音。這些加拿大的演員用英國腔說話時，大腦壓抑了自我，入戲就深了。

這個大腦現象解釋了為什麼會弄假會成真。

《資治通鑑》中，魏安釐王問誰是天下的高士，孔子的六世孫子順說：「如果要說高士，那麼只有一個人——魯仲連。」

魏安釐王不高興的說：「魯仲連，強作之者，非體自然也。」子順說：「人皆作之，作之不止，乃成君子。」意即，本來不是君子，但每天假裝是君子，裝久了，最後變成君子，因為大腦改變了。

了解了大腦這個機制，我們在教化上可以好好利用它，每天強迫壞人扮好人，久而久之，他就變成好人了。

記憶可以訓練嗎？

朋友收到一份很漂亮的臺灣水產圖鑑月曆，內有全臺各個漁港如富基、東港、永安所捕獲的魚類圖片。他認為這是教孩子認識臺灣漁獲很好的教材，便拿來給我，叫我幫他寄到最能充分利用其價值的學校去。

他問：「你會寄到山上還是離島的學校？」

這是一個好問題，山上的學生沒有看過海，也很少吃到魚，所以這份月曆會增廣他們的見聞，讓他們知道臺灣是個海洋資源豐富的寶島，海裡有很多不同種類的魚，而且太平洋的魚和臺灣海峽的魚，種類有所不同。

離島的學生，父母多半是打魚為生，他們對魚類已經有概念了，這份月曆可以讓他們知道自己家鄉以外的海港有些什麼魚，再去思考臺灣全島漁獲的種類為什麼有這麼多，漁獲跟洋流、水溫的關係是什麼？為什麼臺灣的海裡沒有龍蝦？

這個實在很難取捨，我和朋友就學習的動機和記憶本質討論了一下，最後決定把日曆給離島的學校。因為新奇固然是學習的動機，孩子喜歡學新的東西，但是先備知識更重要，它像個鷹架，讓孩子往上爬，有了鷹架，新知才吸收得快。海邊的孩子已對魚的生態熟悉，老師可以引導他們去思考，臺灣的海岸沒有海獅、海豹，但海中有鯨和海豚，淺海魚和深海魚的生存率有差別嗎？

在教學上，只有經過思考的東西才是自己的，歌德說：「我們無法擁有不了解的東西。」把不懂的東西死背硬記下來，保存期限很短，一朝不用，就忘記了。

記憶是心理學的主要研究領域，不知為何，大家對記憶的本質都不是很了解，只要看外面有那麼多的記憶補習班就知道了。

其實記憶是不能補的，因它的本質是神經迴路的活化和強化，跟突觸的多寡和髓鞘的厚薄有關係。一條神經迴路常常使用時，神經細胞會製造蛋白質去強化突觸的連接及髓鞘的厚度，使電流速度增加，反應變快。

補習班教的是背東西的技術，例如地點法（Method of Loci），但是現在已有電腦來做輔具，不需要像以前沒有紙筆時，硬去背，現在可把要背的東西交給電腦，大腦的能量釋放出來做組織和整理。

補習記憶沒有用，反而剝奪了孩子閱讀、思考和遊戲的時間。

離島的孩子對魚的熟悉度使魚知識的迴路比較大條，臨界點比較低，他們的辨識會比山裡的孩子快，同時激發出許多跟魚有關的背景知識，學習到更多。

山地的孩子會好奇，這個好奇心是動機，可以增加學習的興趣，但是他們得一點一滴去把魚的鷹架搭起來後，才會吸收快。

既然要充分利用這份日曆，就只有先寄離島了。

老師和父母需要了解記憶的本質（即熟悉度），從本質出發去強化記憶才會事半功倍。多聽、多看、多寫，永遠是學習的三大法寶，因為它符合大腦的神經機制。

ＡＩ世代的競爭力該怎麼培養？

不久以前，李開復來臺灣演講，他告訴家長，對ＡＩ世代的孩子來說，閱讀能力比以前更重要。他講完匆匆趕飛機去了。有位家長來不及問：為什麼「更」重要？

ＡＩ時代，訊息大量湧出，在訊息的吸收上，眼睛比耳朵有優勢。人的眼睛是平行處理訊息，一目十行，同時可以看到很多東西。但是耳朵不行，它是序列性處理訊息，聲音依進入耳朵的先後順序形成不同的意思，例如英文Ｃ、Ａ、Ｔ三個音，如果進來的順序是Ｃ，然後是Ａ，最後是Ｔ，那麼孩子聽到的是「Cat」（貓），但如果進來的順序是Ａ、Ｃ、Ｔ，他就聽到「Act」（行動）了；中文的牙刷和刷牙不同，蜜蜂也和蜂蜜不同。

眼睛一分鐘可以處理六百六十八個字，耳朵卻只能聽兩百五十個字，再快就聽不清楚，因此用眼睛去捕捉不停湧出的資訊比較具有優勢。對失讀症的孩子來說，則要運用聽的方式來長智慧。只要能學到新東西，任何方法都是好方法。

在閱讀歷程上，「learn to read」（學習閱讀）和「read to learn」（用閱讀來學習）有很大的差別。前者是根基，後者是工具。神經迴路在「learn to read」建立後，便可以用「read to learn」來增加訊息處理的速度，有閱讀習慣的人在資訊處理和組識力上，比離開學校後便不再讀書的人好很多。

有鑑於此，很多基金會利用書車將好書運到沒有圖書館也沒有書局的偏鄉去給小朋友看。偏鄉的小兒科醫生更在嬰兒來打疫苗時，讓父母把不怕咬的布書、不怕水的塑膠書帶回去親子共讀，力求讓我們的孩子在AI時代的競爭上不會落後。

可惜的是，這個閱讀的風氣到國中就消失了，因為考試太多，孩子沒有多餘的時間可以閱讀。其實中學生的閱讀能力反而更重要，因為就業所需要的文字是深奧的、句型是複雜的，掌握複雜資訊的能力可以決定一個人事業的成敗。

近年來，會考與學測的測驗題目愈來愈長，看不懂題目便不會作答。很多跨國大公司在聘任時，也都要求申請者在特定時間內看完一篇八百至一千字的文章，然後寫出摘要來。能抓住重點、以清晰的論點和別人溝通，是二十一世紀競爭的必備能力。所以我們更需要提升中學生理解文本的能力。

哈佛大學教育學院的教授史諾（Catherine Snow）設計了一個提升中學生閱讀能力的計畫：老師先讓學生在家中看完指定的文章，再來教室中討論文意，老師會訓練學生抓重點，教他們寫別人看得懂的、有邏輯推理的摘要。

經過這種訓練後，她發現學生的理解能力有顯著提升。史諾說，生字不是不重要，但是從文本中去得出的字義比背定義更為有效。閱讀絕對不是認識詞彙而已，是要從字裡行間領悟出作者要表達的意思，這才是成功的閱讀。

他山之石可以攻錯，我們的國文課不要再教生字、背字義了，要讓學生廣泛的閱讀好文章，然後在課堂中訓練他們組織和整理的能力，甚至叫他們上臺去練習表達能力。只有這樣，他們才有機會在二十一世紀跟別人競爭。

閱讀使大腦更強大

閱讀和腦神經的關係

世界上絕大部分的人都可以閱讀（只有六％左右的人有閱讀障礙），所以我們都把閱讀當作一件理所當然的事，忘記了它其實是一個了不起的行為：想想看，在紙上畫幾個豆芽菜，就能激發整個宇宙的聲音和意義，這是多麼了不起的事。

很多人以為只要會認字就能閱讀，其實閱讀比我們想像的複雜得多。

大腦在閱讀時，訊息從眼睛的視網膜經過視叉到視丘的外側膝狀體（Lateral

Geniculate Nucleus, LGN），再送到視覺皮質區旁邊的視覺字詞形成區（Visual Word Form Area, VWFA）去做辨識，經過顳葉的角迴（Angular Gyrus）和威尼基區（Wernicke's area），把字形轉化成語音，再到前葉的布羅卡區（Broca's area），將這個音和大腦中的心理詞彙庫相印證，找出它的意義，又因為中文的同音同形字很多，所以有時它會再回到VWFA去確認，到這時，孩子才解讀出剛剛看到字的意義。

這個過程裡，任何一個環節出問題都會影響閱讀能力，我們今天能閱讀，是應該要感恩的。

為什麼不能用多媒體來取代閱讀？

多媒體是視覺、聽覺多管道動態的訊息輸入方式，它的確比紙本的閱讀吸引孩子，但是螢幕的圖像是由像素（pixel）組合而成，不停在跳動，容易造成眼睛疲勞。

研究也發現，一旦孩子習慣了這種快速的變化，對靜態的閱讀會不習慣，使注意力游離，無法專心看書。

多媒體可做為閱讀的輔助工具，但是它不能取代閱讀，因為在大腦處理訊息的歷程上，字處理的層次比較深，我們看過一個字後，不容易忘，但是聽到一個聲音，聲波消失後，是了無痕的。在閱讀時，當前後文無法呼應，人的眼睛會回到前面去看剛剛有沒有誤讀誤判，而多媒體呈現的節奏很快，它沒有給孩子思考的時間，不像閱讀是自己的步調，可以從容的吸收。

曾有一個研究是給教生物的老師看一份全新的素材，一組是閱讀腳本，另一組是看影片。再請兩組老師上臺把剛剛看過的內容講給學生聽，結果看腳本的那組老師講出來的內容豐富很多。

閱讀的另一個好處是它給你想像的空間，電影則是導演的想像力，先看電影會扼殺原來看書時的想像力。

多媒體不能取代閱讀還有一個原因，閱讀是增進知識最方便、最節省能源的方式，只要一卷在手，不需要電插頭和其他設備，馬上就能增廣見聞。

打開一本書等於打開一個世界，它能超越時空的限制，與逝去的古人交談，與地球另一端的人做心智的交流，目前還沒有哪一種方法能比閱讀更有效的探索人類的智慧寶庫。

腦科學知識如何增強閱讀

文字閱讀看起來無聲，但其實在大腦中是有聲音的，也就是說，要找出一個字的意義，它必須和大腦中已有的心理詞彙做連接才行。例如：孩子讀到「Cat」時，他的大腦先要把字母「C－A－T」轉換成語音「k/æ/t」，然後在心理詞彙中搜索跟這個音相符的詞彙是什麼，才會知道原來「Cat」就是「貓」的意思。

實驗發現，在這個形轉音的階段，若是孩子對構成字的音素很敏感，這個「音素覺識」（Phonemic Awareness）可以預測孩子未來的閱讀能力。

美國的研究發現，幼兒園的孩子若知曉「sand」去掉第一個音「s」之後會變成「and」，他們到四年級時，閱讀成績會比較好。

這個能力不是天生的，它需要特別教導。父母可以跟孩子玩遊戲來幫助他學習，例如把前面的那個音拿掉，「八」就變成「阿」、「翻」就變成「安」等等。另一個遊戲是押韻，利用同韻字（rhyme）來訓練孩子對語音的敏感度，例如煙、眠、絃等等。

在二十一世紀，快速的吸取訊息和正確的表達意思，是生存競爭之道，這兩者都要靠閱讀。父母了解大腦如何處理文字的歷程後，就會知道幫助大腦加速解碼和轉譯唯一的方法是從小親子共讀，「形－音－義」的解碼歷程會因練習而使神經迴路變大、連接緊密，這兩者的交互作用可使孩子閱讀的速度變快。

負責聯合國經濟合作暨發展組織（OECD）「學生基礎讀寫能力國際研究計畫」（PISA）的總監史萊克（Andreas Schleicher）說：「讀寫能力是二十一世紀知識社會的共同貨幣，它決定國家的競爭力。」閱讀的重要性由此可知。

人為什麼會盲從？

朋友逢人就打聽學校，要替她的女兒轉學。她女兒讀的是名校，大家不免好奇：「人家擠破頭進不去，你為什麼急著要出來？」

她說，童年的模仿力很強，孩子看三個人做一次壞事比看一個人做三次壞事的學習效果強，團體的影響力大於個人。女兒在學校裡學會了嘲笑他人、吐口水等霸凌行為，還跟她說自己也不想這樣做，但假如不這樣做，就換自己被霸凌。女兒邊說邊哭，她嚇壞了，所以急著轉學。

她問我，為什麼社會認同、從眾行為（conformity）這麼有力，強過教養和良心？是的，有時連大人也抵擋不住，因為這裡面有大腦的原因。

人需要社會認同的歸屬感所帶來的安全感。當我們模仿別人時，我們中腦邊緣系統（Mesolimbic）的多巴胺迴路會活化，產生愉悅的感覺。如果和別人不一樣，杏仁核和腦島會馬上警告你，「小心槍打出頭鳥。」

當別人排斥你的時候，一個增強學習的迴路——調控情緒的腹內側前額葉皮質（vmPFC），控制衝動、掌管同理心和決策的前扣帶迴，以及掌管報酬的伏隔核（Nucleus Accumbens）會活化起來，使你去矯正你的行為。它是同儕壓力或盲從的來源，也是「入鄉隨俗」的驅力。當實驗者用跨顱磁刺激（TMS）去暫時中斷腹內側前額葉皮質的活化時，受試者就比較不會因為跟別人不同而改變他的看法。

這些迴路是演化來保命的，所以人在資訊不足時會從眾，會認為一個人可能會錯，但不可能三個人都同時錯吧？其實這是迷思，但是一個四年級的孩子沒有「千萬人吾往矣」的勇氣和智慧，她當然會恐懼被同學排斥和沒有朋友的寂寞，就只好跟別人一樣了。

幸好實驗發現，仁慈是可以教的，後天的教導可以改變迴路活化的強弱。最近加州大學洛杉磯校區（UCLA）成立了第一個跨領域的「仁慈」（Kindness）中心，專門研究為什麼對別人好，會減低憂鬱症、癌症及心血管疾病的風險。

過去的研究已證實，正念、仁慈會改變基因，減低發炎基因的作用，調升抵抗感染基因的活動，幫助別人可以減輕自己的憂鬱和焦慮。

我勸朋友面對問題，聯絡其他家長一起去終結霸凌，教孩子「為人點燈，明在我前」，對別人好，其實是對自己好。千百萬年來，人類是靠著互助互惠才活下去的，不是靠霸凌。

為什麼會突然心情不好？

家族聚餐時，我注意到姪女不知何時養成了皺眉的習慣，問她有什麼事不如意嗎？她說沒有，只是常覺得別人對她不友善。我請她舉例，她又說不出來，說是第六感，不自覺的就鎖眉了。

我猜這應該是大腦看到了什麼負面訊息，而這訊息又不夠強到進入意識界，使她產生了不快的感覺。研究發現，人有時會無緣無故的心情不好，而這可能是別人白了他一眼或是嘴角往下撇了一下，他沒有意識到，但是大腦看到了，產生了被人瞧不起的感覺，心情就不好了。

心理學上有個「後向遮蔽」（Backward Masking）的實驗法：如果連續呈現兩個圖像，中間的時距少於千分之五十秒時，第二張圖會覆蓋掉第一張圖。但是第一張圖雖然短到沒有辦法進入意識界，大腦卻是看到了，影響了對第二張圖的判斷。

有一個實驗是把大學生分成兩組，讓其中一組學生看恐懼或厭惡表情的面孔，另一組則是看沒有表情的面孔。這些圖片都是一閃而過，快到根本沒辦法進入意識界，但要這兩組大學生對中性表情的照片做真誠與否的判斷時，看恐懼或厭惡表情的那組學生會給負分，不願跟他們做朋友，而看沒有表情面孔的那組學生則不會。

用核磁共振來看大腦內部歷程時，有進入意識界的第二張圖，一開始，訊息由視網膜上的感受體沿著視神經迴路送往枕葉的視覺皮質區，再送到額葉和頂葉去做辨識和解釋。而第一張恐懼或厭惡的臉，最初的路徑也是一樣，但是到枕葉後面的路就不一樣了，因為沒有看見，所以額葉頂葉沒有啟動，但是皮質下管理情緒的杏仁核卻活化了，帶出不安的感覺，人們就判斷這個人不是好人了。

如果在受試者臉上貼上微電極記錄他們肌肉的活動（EMG），那麼他們雖然沒有看到第一張圖上的表情，他們自己臉上肌肉運動的方式卻跟圖片中的表情一模一樣，表示大腦有看到。假如請他們嘴裡咬一枝鉛筆，使他們的大腦無法潛意識的去模仿這個表情時，他們分辨出圖片上的表情的能力就減弱了。

人對不確定的訊息傾向負面的解釋，因為未雨綢繆者生存的機率高於臨場反應者。所以人不是理性的動物，常會被潛意識的訊息所影響，不知黛玉型的多愁善感是否也是大腦對看不清楚的訊息做了過度的負面解釋？

大腦要我們信任？

昨天外出返家時，在電梯間遇到一位外送員，他一看到我，立刻壓低帽簷，這個舉動很奇怪，於是我不自覺的轉頭去看他。一看之下，大驚失色，這不是好友的兒子嗎？怎麼變成搏命的外送員？他當年出來創業，第一年就賺了一桶金，是他父母逢人便說的驕傲啊！他看到被認出，只好簡短的告訴我，被合夥人坑了，現正努力還債。

聽了他的話，我更驚，他的合夥人正是他父母好友的孩子，他們倆是從小穿開檔褲一起長大的。我問是小強嗎？他點點頭。他的樓層到了，外送員的時間很寶貴，不能多說話。他快步出去，我的心卻久久不能平息，是什麼原因讓人為了錢，斷送兩代的恩情與信任？

回到家，打開報紙，一個著名的咖啡店為了一千萬元的利潤，摻了劣質咖啡豆到產品中，毀了顧客對這個品牌的信任。

信任是大腦中硬體（hardwired）的設定，它有演化上生存的關係，同時，被信任會帶來幸福感。研究發現，它會活化中腦邊緣系統，跟我們得到金錢報酬和性是同樣的地方，並會產生催產素（Oxytocin），形成人與人之間的連結（bounding）。

我們常看到這樣的故事：一個誤入歧途的孩子，因為老師對他的信任，使他懸崖勒馬。最近媒體也報導，一個大企業家要把他的事業遷出大陸，在考慮各個國家後，最後決定遷回臺灣，因為他說：「我對臺灣有信任感。」可見信任是多麼的重要。我們不能想像如果一個社會缺少了信任，這個社會要如何運作？

《聯合報》曾要我為二〇一九年的臺灣選一個年度代表字，我選的是「信」，因為當時我覺得臺灣正面臨一個很嚴重的危機，長久以來維繫社會安全、強化基礎建設、提升科技能量的社會信任已經逐漸在消失。

畸型的臺灣選舉腐蝕了人們對政府的信任，也消耗了彼此的互信，司法的公正被普遍質疑，學術的誠信（research integrity）也在最高的研究單位崩毀，連總統的博士論文也被公開挑戰（立法院開公聽會）。在這樣的狀態下，臺灣最需要的是找回社會的信任，所以我選了「信」。

看到政客為選舉製造出一連串匪夷所思的鬧劇，實在讓人憂心。選舉會過去，失去的信任卻回不來。為四年的權力而輸掉整個社會運作的核心，這個代價是否太大了呢？

運動讓大腦更健康

有家長問，愛運動的孩子是不是比不愛運動的孩子更聰明？據我所知，目前並沒有任何實驗證據支持愛運動的孩子比不愛運動的孩子聰明。只能說，愛運動的孩子反應速度比較快，他們運動神經纖維外面包的髓鞘因反覆大量的活化而變得比較厚，使電流通過得比較快，訊息快了，反應就快了。而且在實驗上要說聰明的話，必須先界定是哪一種聰明，語文的？空間的？還是嘉納（Howard Gardner）的七種智商？

但是運動的確對學習有幫助，早在兩千年前，柏拉圖就說：神為了讓人類有成功的生活，提供了兩種管道——教育與運動。雅典的公民在二十歲以前，只要有音樂和體育就夠了，音樂陶冶性情，體育增強體魄。他的話在兩千年後的醫學研究中得到了科學證據：運動會產生正向的神經傳導物質——多巴胺及血清素（Serotonin），使人心情愉快，並增加大腦的血流量，促進掌管記憶的海馬迴神經元的發展，使它變大，神經細胞變多，幫助記憶，讓學習更有效。

老鼠的研究發現，兩歲、有運動的老鼠，大腦的活化情況相當於六個月大的老鼠（老鼠是三個月成熟、六個月盛年，兩歲相當於人類的七老八十了）。有運動的老鼠管記憶的海馬迴比沒有運動的老鼠大了一五%，切下來秤重，重了九%，表示它的細胞多；有運動的老鼠神經元之間的突觸比沒有運動的還多了二五%，表示訊息傳送得更快，更能觸類旁通、舉一反三。所以教育和運動這兩種管道的確是相輔相成、缺一不可。

但是要達到大腦自己分泌多巴胺、血清素和正腎上腺素（Norepinephrine），必須要大量運動到這個人心跳最高點（maximum）的七〇%以上時，這些神經傳導物質才會分泌出來，不是隨便動一動就可以的。臨床實驗也發現，重度憂鬱症的病人每日運動兩小時以上，持續三個月後，百憂解（Prozac）的藥量可以減少。運動所產生的血清素可以減輕焦慮。

運動提高人的警覺性、注意力和動機，使心智最佳化，還能促進神經細胞的連接，幫助接收新的資訊，並能產生新的神經細胞以接收更多新訊息。

運動對學習的幫助

運動和學習的關係目前已無爭議：有一個實驗是看五百名中學生運動和學業成績的關係，結果發現，每天上一個小時體育課的孩子，在考試成績上表現比較好。大學生參加運動計畫後，學業成績也上升了。五十歲的中年人在參加四個月的走路計畫後，心智的表現也比四個月前提升了一〇％。甚至是六十五歲的老人，走路也能得到同樣的效果。

臺灣一般對運動都不重視，體育課都是被借去上數學課、英文課，但是近年來的研究發現運動對學習有關鍵的重要性，如果要讓學生學習得好，體育課不但不該被借，還應該借別的課來上體育才對。

上面說過，我們在運動時，大腦會產生多巴胺、血清素和正腎上腺素，這三種神經傳導物質都和學習有直接的關係：多巴胺是個正向的情緒物質，人要快樂，大腦中一定要有多巴胺，我們的快樂中心伏隔核裡面都是多巴胺的受體。運動完的人心情都愉快，賽完球的球員精神都亢奮，脾氣都很好，而心情好，學習才會有效。

血清素跟我們的情緒和記憶有直接的關係，很多抗憂鬱症的藥如百憂解都會阻擋大腦中血清素的回收，使大腦中的血清素比較多，情緒就比較好；正腎上腺素跟注意力有直接的關係，它在我們面對危險時，會大量分泌，鎖住可能會侵害我們的目標。學習當然需要注意力大量集中。

更重要的是，運動時，大腦還會分泌一種很重要的神經營養素——腦源性神經營養因子（Brain Derived Neurotrophic Factor, BDNF），使大腦更健康。這個

BDNF會增加我們大腦中新微血管的產生，製造胰島素生長因子，使糖尿病的風險減少，增進心理健康和大腦認知能力。

有一個實驗很清楚的說明了運動跟學習的關係：芝加哥附近有一所中學（Naperville Central High School）實施「零時體育課」（Zero Hour PE），即還沒正式上課之前，先叫學生來學校運動，要運動到他心跳達到最高值或最大攝氧量（氧消耗值）的七〇%才可以回教室去上課。

一開始時家長都反對，孩子本來就爬不起來去上學了，再跑幾圈操場，豈不是一進教室就打瞌睡？

結果發現正好相反，運動完的孩子多巴胺多了、脾氣好了、在課堂吵架和打架的次數少了，老師不必一直喊「安靜，不要吵」，上課的氣氛自然好，學習就進步了；血清素出來，記憶力增加了，學習的效果好了；正腎上腺素使孩子的專注力增強，上課專心，記得快、學得好，學生的表現就提升了，自信心與自尊心也出來了。

他們還做了一個實驗，將學生最不喜歡、最頭痛的課，如數學課、文法課，排在上午第二節或下午第八節，結果發現上午那一組的學習效果比較好，好到兩倍以上。因為上午第二節課時，運動時所分泌的神經傳導物質還在大腦裡，但是到下午第八節課時，它們已經消耗殆盡，學習效果就不如早上好。

這些實驗數據開始讓美國的父母看到運動對孩子學習和行為的幫助，他們也就不再反對零時體育課。現在美國正推動學校每天都要有一堂體育課，對我們國三和高三每天要考試的學生來說，一天更是應該要有兩堂體育課，以舒緩他們的考試壓力，並增加他們的學習效果。

運動與情緒

科學家很早就知道運動跟情緒有關。

運動可以抑制大腦中杏仁核的活化，阻止負面情緒的出現，打完球的人情緒都很亢奮，不會憂鬱。實驗者用老鼠來探究原因，發現運動時，氧的大量消耗會促使血液回轉加快，這個氧的需求增加了肌肉微血管的數量，使肌肉可以運動得更久。

大腦也是一樣，血液流動得愈快，就能運送愈多的帶氧血紅素到細胞上去，就可以做更多的思考，儲存更多的記憶。

臺灣南部有個收容精神病患者的「龍發堂」，曾把精神病患者戴上腳鐐帶去戶外墾荒種菜，結果被人檢舉，最後被迫關門。院方說這些精神病人在勞動後比較好管教，睡得比較安穩，所以帶他們外出，但怕他們跑掉，只能戴上腳鐐。臺灣精神病院非常缺乏，更不要說私立的療養院，人手不足可以了解，而精神病患所需要的照護人員比一般病房來得多，有些措施是不得已。

其實病人很需要每天走出戶外晒太陽，使身體產生維他命D，並透過勞動自給自足，不成為社會的負擔。龍發堂是個民間組織，他們並不知道運動可以安撫情緒的原因，只是從經驗上知道這樣做有效。不幸的是，因為政府也不知道運動的好處，為了避免爭議，政府便強制關閉龍發堂，把病人送回家，反而製造更多的社會不安。

運動產生的血清素可以減輕焦慮。杜克大學（Duke University）曾發現，如果能使憂鬱症的病人走出家門去運動，他們大腦所產生的多巴胺、血清素等神經傳導物質的療效，跟吃「百憂解」一樣好。重度憂鬱的病人在強迫接受兩週運動後，百鬱解的藥量得以減半（憂鬱症者所服用的百憂解則是阻擋血清素的回收，使大腦存在比較多血清素）。

運動是操之在己，只要持之以恆，病情就會減輕，給病人一種自我操控的良好感覺。這種感覺帶回他對自己的信心，這個正向作用比吃任何藥的效果都好。

運動對病童的幫助

運動甚至對注意力缺失和過動症（ADHD）都很有效，目前醫生給ADHD孩子所開的「利他能」（Ritalin）其實就是增進大腦中多巴胺濃度，它是個興奮劑，如果運動本身就會分泌多巴胺，為何不用大腦自己本身的多巴胺呢？自己分泌的對大腦沒有傷害，化學合成的現在已知會傷害伏隔核（對這方面有興趣的讀者可參閱

《浮萍男孩》，遠流出版）。

許多第一線的治療師都發現武術、體操等需要大量注意力的運動對ＡＤＨＤ孩子非常有幫助，因為這些運動需要全神貫注，而且武術、體操比枯燥的跑步機有趣得多，孩子比較會持續練下去。

最近的研究發現，運動對自閉症的孩子也有幫助，運動所產生的正腎上腺素使孩子眼睛不再鎖住單一目標，可以「脫離」（disengagement），比較會與人接觸，因而產生互動，運動時所產生的ＢＤＮＦ也幫助自閉症孩子與外界連結，運動不足而缺乏ＢＤＮＦ時，大腦會自行斷絕跟外界的連結。

任何運動都需要持之以恆，每天做，效果才會出來。其實很多被大人認為是「皮」的孩子，只要給他們一個運動空間、一點時間，將精力正當消耗掉，他們就不搗蛋了。

在研究上，過動兒有一個「獵人—農夫」的理論。即人類在走向農業社會、開始定居下來之後，環境的改變使得過去的長處變成了現在的短處。在遠古時代，出獵如果不眼觀四面、耳聽八方，早就被其他動物吃掉了，不可能成為我們的祖先；如果看到事情發生不馬上採取行動，而是三思而後行，也會變成別人的晚餐，無法活下來成為我們的祖先。

這個理論認為過動兒其實沒毛病，只是生錯了時空。他們容易分心、衝動、冒險性強，這是遠古打獵採集時代的生存者必備的特徵，人類進化到農業社會以後，這些特徵變得格格不入。也就是說，他們是「獵人」，但是得在「農夫」的社會裡生活，所以被視為異類了。

有些學者把過動症的人叫做「愛迪生基因者」，不認為他們有病。愛迪生念小學時，被老師認為無可救藥，叫他父母領回家，免得干擾其他孩子上學，但愛迪生卻是有史以來，專利拿得最多的人。

多動兒並不是不能學習，只是不能在教室中安安靜靜坐著學而已；如果讓他們置身於祖先生活的大自然環境中，他們可以學得很好。

「多動兒」不是病，但必須適應「農夫」的生活，而運動可以達到同樣的藥效，所以現在醫生很鼓勵「病人」以運動的方式來減少藥物的服用，甚至替代藥物。對於現在教室中愈來愈多的「注意力缺失」和「過動學生」，運動不失為一個替父母分憂、替老師減壓的好方法。

人是需要動的，我們的祖先一天至少走十二公里去覓食，吃的是採集來的自然食物，所以他們的排泄循環都沒問題。現在很多人，尤其老人，為便祕所苦，其實他們只要每天走上一萬步，便祕問題便迎刃而解，因為走路可以增加腸子的蠕動。

有一次黃春明來我們學校演講，他說科學家要有觀察力和推理能力，便問我的學生：「為什麼貓狗上完廁所不必擦屁股？」學生都呆住不會回答。黃春明說：「因為他們沒有吃精緻的人工添加物，每天四條腿跑路，沒有汽車坐，如果人像動物這樣，也不必用草紙。」同學哈哈大笑之餘卻沒有人去思考，這是非常有道理的，人只有歸真返璞才會終身不辱。

人在冷氣房坐久了，常會忘記自己是動物，需要動。每天出門坐車、茶來伸手、飯來張口、食不厭精，結果年紀輕輕就心臟病、高血壓、糖尿病等慢性病都上身了，難怪演化學者把這些毛病叫做「富貴病」或「文明病」。

《紅樓夢》中，賈母見到劉姥姥年歲比她大，但是身子硬朗、牙齒也咬得動，還可以下田耕作，很是羨慕。劉姥姥說：「莊稼人不做就沒得吃，我們是想吃白麵吃不到呢！每天吃粗糧，牙齒不好怎麼吃得動？每天拿鋤頭，身子不好怎麼拿得動？所以人要動，身體才會健康。」

很多人覺得走一萬步花太多時間，做不到，其實只要有動，總是比不動好，瑞典的研究者追蹤七十五歲至九十五歲老人的大腦活動，發現他們只要每天運動四十五分鐘，大腦白質（神經纖維）的下降率就馬上改善了很多。

實驗證明，情緒的健康可以增進身體的健康。憂鬱症病人若能改變對事情的看法，又能運動，就有機會脫離苦海。

實驗也發現，預防老人失智最好的方法是多與人接觸。人在講話時，大腦活化的範圍最大：聽覺皮質、視覺皮質、運動皮質、前額葉皮質都大量活化起來。你得記得自己剛剛講過什麼話，也知道接著要講什麼話，說話才會流暢；說話時，眼睛會注意對方；說到興奮時，會手舞足蹈（人如果沒有話要講，他的手腳也不會動，所謂「呆若木雞」），甚至皮質下的情緒中心都大量活化了起來，有人講得眉開眼笑，有人講得怒氣沖天。所以要預防老人疾病，就要鼓勵老人天天出來運動，常常跟人接觸。

不論靜態或動態的運動，都對身體有益，中國人喜歡打太極拳，那就是一個很好的運動，年輕人喜歡打籃球更是一個很符合演化目的的運動，它需要眼快、手快、腳快及決策快。球員拿到球大約只有千分之幾秒的時間決定是自己投籃還是傳給別人；若是自己投，大腦得馬上計算球投進籃的概率，以及投不進時被別人拿去的後果。所以，鼓勵孩子運動其實是促進他大腦功能的整合，對他以後出社會的應變能力很有幫助。

哈佛大學的教授發表了長期追蹤婦女運動與心智功能的研究。他們追蹤一萬八千名護士，發現活動量和活動時間對心智功能都有幫助。那些不愛動的護士在心智能力上比最愛動的護士老了二至三年。甚至，一週只要動一個半小時，在心智能力上就比那些不愛動的年輕一歲半。

運動與我們的身體在健康、學習的效率有直接的關係，甚至比吃藥還好，因為對一些心智疾病來說，運動的好處是操之在己，自己持之以恆，病情就會減輕。運動給病人一種自我操控的良好感覺，這種感覺會帶回他對自己的信心，這個正向作用的效果比吃任何藥都好。

從研究結果看來，要長得高、長得好，每個學生都得運動，最近報紙報導臺灣東北部常下雨的地方，學童不能上體育課，結果身高、體重和智商都比其他區域的學童差。國三學生更需要每天運動，一方面，保持心情愉快，書才看得進去；一方面，增加大腦血液的流動，促使海馬迴神經有足夠的營養，幫助記憶，讀書才有效。

運動非但不是浪費時間，甚且對學習有益。父母可以放心讓孩子去打球、游泳，做各種運動。

總之，人是演化來的動物，依循演化的規則去生活，自然可以事半功倍。與其花很多社會成本去申請長照和建造復健醫院，不如拿來蓋運動場，推展全民運動，不但節省健保開支，人民還會比較健康快樂。

在這老人化的社會，每個人都應當了解運動對自己健康和生活品質的好處，臺灣需要像當年推閱讀那樣去推運動！

同齡玩伴是孩子最好的玩具

上個世紀被公認最有創意的拉森（Gary Larson）在他的傳記中寫說，他能有今天，是因為他的父親告訴他：「世界上最好玩的玩具就在你的腦海中，不必外求。」因此，雖然家中很窮，買不起任何玩具，拉森卻靠腦海中的想像力，用樹枝、泥巴、小石頭這些隨手可得的自然物，度過了愉快的童年，並且成就了他這個創意大師。他畫的漫畫《遠方》（*The Far Side*）到現在仍然暢銷，洛陽紙貴。

拉森的成長過程曾引起一些幼教心理學家去探討為什麼昂貴、會說話的機器人，以及碰到牆壁會轉彎的汽車，反而不及小石頭和泥巴玩得更開心？

原來，人有想像力，而想像力的本質是變化無窮的多樣性：一塊黏土在孩子手中可以捏出任何他想像的東西來，但是塑膠的機器人就是那個樣子，按下開關就只會講腹內錄音機錄好的固定那幾句話，沒有變異性，孩子一下子就厭倦了。

所以說，同年齡的玩伴是全天下最好的玩具，兩個孩子赤手空拳，沒玩具沒關係，一個當媽媽，一個當爸爸，一個洋娃娃當孩子，馬上就可以玩扮家家酒。泥捏的人最環保，乾了以後擊碎，復歸塵土。現在美國有一批父母開始不再給孩子買會汙染環境的塑膠玩具，而是帶著孩子在野外大自然中遊戲，孩子透過動手實做，培養了創造力，也了解了生活的環境。

我在美國留學時，曾跟隨指導教授一家人去露營。我成長於大都會，可以說是蔥蒜不分，對露營一竅不通，連生個火都不會。而教授的兩個孩子把樹林中隨手可得的任何東西發揮得淋漓盡致。他們帶了一捆麻繩，就在兩棵樹中間編起一張吊床，麻繩掛在樹上，再綁上一個輪胎，就是秋千。他們兄弟沒有塑膠玩具，所有玩具都是就地取材，自己動手製作，我那三天學到的野外求生技術，勝過我在課堂中學習的二十年。

大腦喜歡新奇的東西，不喜歡一成不變。換句話說，人的大腦是喜新厭舊的。因為人在演化的過程中深知，舊的、不變的，是安全的；新的、巨變的，是影響生存的。所以大腦把它的資源重心放在會變的刺激上，以確保基因能流傳下去。

其實，我們的眼睛是一直在跳動的，只是我們自己沒感覺（這要用儀器才會察覺），一個影像落在視網膜上，如果眼球沒有跳動，使它一直不停的改變位置，我們很快就視而不見了。這叫跳視（saccade）。因此，兩個孩子一起玩，沒有劇本，沒有道具，這就是即興式的演出，最符合大腦在演化過程中的經歷。

研究發現，人的大腦在學習新事物時，腦幹的神經核叫藍斑核，會分泌正腎上腺素，使我們瞳孔放大，更能吸收相關訊息，激發注意力和警戒力，增強自我覺識，使學習和記憶更有效（學生躺在核磁共振中做數學題目時，他們腦幹中的藍斑核會大量活化起來）。

學新東西對大腦來說是個挑戰，使我們的觀察力和決策判斷過程更加敏銳。這個喜新厭舊的特性使得很多孩子在堆積如山的玩具堆中哭鬧著沒有東西可玩：一個東西一旦變成舊玩具，哪怕外表一切都還很新，就是引發不了孩子去玩它的興趣，便棄之如敝屣了。所以對孩子來說，玩具的聲光絢麗只是暫時性感官的滿足，樸實無華的泥巴和小石頭才是千變萬化的材料，隨時因想像力而賦予它新生命。

父母了解到這一點後，就不必拚命加班賺錢給孩子買玩具，只要帶他去大自然中，便有取之不盡、用之不竭的泥巴和石頭可以訓練他的想像力與創造力。我曾在颱風過後，看到一個孩子躺在公園的椅子上看雲，那臉上的微笑，勝過昂貴的火車過山洞的嘟嘟車呢！

電玩能不能玩？

遊戲是孩子的天職，也是兒童心智發展極重要的一環。它可以增強孩子的語言、認知、空間理解等能力，就像食物一樣，有時最簡單的就是最好的，因此，最好的玩具其實是同年齡的玩伴。

遊戲時，孩子很快樂，因為那是想像力的發揮，想像力是無邊無際的自由創造，帶給人們快樂。同時，想像力是創造力的根本，在深圳機場有面很大的看板，上頭寫著：「只要是人想得出來的東西，就有人可以把它做出來。」這是著名科幻小說家凡爾納（Jules Verne，《地心探險記》的作者）的話，由此可知，遊戲的好處無庸置疑。

但是電玩遊戲的好壞，必須先釐清很多觀點，才能下結語，最重要的是遊戲者的年齡和大腦的成熟度。

孩子一出生，聽覺就已經成熟，但視覺尚未發展完全。眼睛要到七歲以後才慢慢成熟，在這之前，玩速度很快、動作場景變化緊湊的電玩遊戲，對孩子的眼睛是個傷害。前面說過，孩子大腦中有個「內在節拍器」，幫助他們理解外在世界運作的速度，如果運作速度太快，可能會在日後產生注意力的問題。

研究者發現，不論遊戲或電視節目內容的互動性有多高，都比不上和真人互動，孩子需要和另一個人以正常的速度互動來使這個能力正常發展，因為內在節拍器於兒童三歲以前開始發展，電玩遊戲對幼兒來說，是絕對不妥的。

同時，兒童的模仿性很高，非常受環境刺激的影響，在虛擬世界中的一些事項可能會誤導孩子的觀念，例如：電玩遊戲中的人物死了，只要重開機就會再活起來，而在真實世界卻是不可逆轉的。

一般來說，對電玩遊戲有利的報導都是來自用大學生做實驗的結果。

比如說，非暴力色情的電玩遊戲可以增加學生視覺搜索的速度，在複雜的畫面中，迅速找到目標，以及選擇性注意（Selective Attention）的能力。這是因為大腦無時無刻不受到環境刺激的影響，神經外面包的髓鞘（它的作用是減少電流短路，增加神經傳導的速度）會因為用得多而增加厚度，使導電變得更快。因此，打電玩的孩子手指頭的靈敏度都非常高，他們的視覺搜索能力也因不停練習而能夠很快從一堆不相干的干擾物中找出遊戲所要的標的物。

這些能力是可以被訓練的，所以非暴力色情的電玩遊戲不會絕對禁止（其實也禁止不了，道高一尺，魔高一丈，道高一丈，魔在頭上，加上現在電玩遊戲可以上網和別人結盟互打，增加很大的趣味性，父母也禁止不了）。但這其中的關鍵應該是訓練孩子自制和自律的能力，再好的遊戲一旦成癮，對孩子就是傷害。

「玩什麼？」會造成父母困擾的原因之一，就是現代孩子生得少，沒有伴，父母要工作，只好買玩具來陪伴孩子玩。其實父母要找機會讓孩子和別人一起玩玩具，這樣才能撞出許多不同的玩法，玩具才會有趣。

我曾看過許多玩具還很新就被丟進垃圾箱，因為新奇感一過，孩子就不要玩了，但是把同樣的玩具拿到幼兒園去，和其他小朋友一起玩，他又興致勃勃要玩了。因此，最好的益智遊戲其實是讓孩子去上符合大腦發展、有理念的幼兒園或托兒所，因為孩子的社會化需要跟同儕一起完成。

所以電玩遊戲可不可以玩？第一要看遊戲者的年齡，快速變化動作和場景的遊戲，對孩子大腦的發展不利，也傷眼睛；第二要看遊戲的內容，因為孩子的模仿性很強，也容易被電玩遊戲誤導，對真實世界產生錯誤觀念。父母與其煩惱電玩遊戲，不如花心思替孩子找到好的幼兒園、好的玩伴，盡量讓他跟真人一起玩，培養他合作、互助、分享的社會化能力。

手機對學習有幫助嗎？

最近有好幾位家長來問：專家說學習要快樂，但孩子一寫作業就不快樂，現在外面有賣訓練認知能力的遊戲，可否用它來取代家庭作業？

電腦學習是趨勢，擋不住，也不必擋，重點在遊戲的設計有沒有達到學習的目的。學習的關鍵在移轉（transfer），即在這裡學的東西要能應用到別的地方去。也就是說，學會 A 後，能夠解決 B 的問題。

加州大學聖塔芭芭拉校區梅爾（Richard Mayer）教授在研究學習機制四十五年後表示，目前的學習遊戲尚未達到移轉的目的。

曾有一家線上遊戲公司（Lumosity Lab.）宣稱，只要玩十五至二十個小時的線上遊戲，就能增進認知能力，還可以防止阿茲海默症、改善兒童注意力缺失過動等等，結果因為效果誇大不實，被美國聯邦貿易委員會（FTC）罰了兩百萬美元。類似這種欺騙的例子很多，要小心。

學習要發生，大腦需要學會選擇性注意，分辨出哪些訊息是有關的（常聽到父母抱怨孩子不是不會做數學，是看不懂題目，不知道哪些資訊是有用的），然後要把這些訊息放在工作記憶中，組織成合理的結構（coherent structure），送到長期記憶去和其他先備知識契合起來，才能成為習得的新知（所以歌德說：「我們不擁有我們不懂的東西」）。

梅爾認為，坊間販售的學習遊戲只是娛樂，不具認知能力的訓練，不能增加孩子的注意力與認知彈性。

那麼，什麼才是具有教育性的遊戲呢？

梅爾設計了一款「設計植物」（design a plant）的電腦遊戲，學生先學習植物生長的要素，然後依不同生態條件替植物設計最佳的配備：他們要依土壤來選擇根的深度，依溫度和溼度來選擇莖葉的高矮大小等等。

梅爾想知道什麼因素對電腦學習有效，所以設了一個解說員（Herman the Bug），操弄各種變項。結果發現，是否虛擬實境、有無字幕、輕鬆活潑或正規的講解都沒什麼差別。

最有效的幫助是，答錯時有立即回饋，學生不但要知道為什麼錯，還要自己去找出對的答案來。

芬蘭幼兒園的老師讓三歲孩子自己穿褲子，孩子可能會連續穿錯好幾天，但是一旦穿對以後，就不會再穿錯了。

人只有透過不斷的自我修正，才能達到學習的目的。學習是辛苦的，「天道酬勤，學道酬苦」，學會以後才是快樂的。即使是電腦，學習也是要動腦。

會動的教材，讓學習更有效

最近有一個機會，讓我進入了虛擬實境（ＶＲ）的《清明上河圖》裡，去體會一下當時老百姓的生活。我進去後，隨便逛，先看了野臺戲《呂布戲貂蟬》，再去小館子，看當時人吃些什麼東西。逛完後，覺得臺灣的年輕人實在太厲害了。

如果把這個身歷其境的效果運用在教育上，日後學生就不再需要課本，他們可以進入歷史中，去觀察投鞭斷流的淝水之戰，去探勘長江黃河的發源地，更可以去怒山、高黎貢山等縱走山脈體會「一山有四季，十里不同天，隔山能講話，見面要一天」的感覺。他們還可以親炙韓愈、柳宗元、文天祥等大師的風範。

看到科技這樣的進步，我們卻還在吵課綱，不禁想：學生想學的東西，政治哪裡擋得住？

用科技來輔助教學的好處是，它能抓住孩子的注意力，我們的眼睛演化來對會動的東西特別敏感，因為靜止的東西不會傷害你，但快速對你衝過來的東西可能想把你當晚餐（有一本很好的少年讀物《少年小樹之歌》，裡面印地安祖父教孫子小樹坐在岩石上，不要動，就融入了大自然中，這時鹿會從你面前走過去，你伸手一抓就有晚餐了）。

當人的眼睛一接觸到會動的東西，大腦腦幹的藍斑核就立刻分泌正腎上腺素來鎖住這個會動的物體，孩子的注意力就不會游離了。這就是小孩子看電視都目不轉睛的原因。

這個演化來保命的正腎上腺素也可以幫助學習。

VR的特性會使學生主動去搜索，這個主動性對學習有利。實驗發現，記憶並不是在接觸訊息時就自動發生，它必須經過有意識、主動的處理歷程，並與原來的知識網絡連結上才會存在。但是七歲以前的孩子，眼睛尚未發育完成，就不宜讓他們使用這個方法。

現在智慧教育（SMART Education）很紅，SMART是學生中心（Student directed）、學習動機（Motivated）、適應力（Adaptive）、數位多元學習管道（Resource riched）、科技教育生活化（Technology embedded）這五個英文字的第一個字母。若能真正落實，的確可以達到因材施教的教育理想。

不過學生的動機若引發不起來，「牛不喝水強壓頭」，也是枉然。美國波士頓大學有位教授的孩子便是從電玩遊戲「地牢與火龍」（dungeon and dragon）中，產生對中古世紀文學的興趣，後來成為這方面的專家。

或許，我們也可以利用VR來引發學生的興趣而導入知識的門。

補習與熬夜能拚出好成績嗎？

朋友的孩子每天讀書讀到半夜，但是成績始終沒有起色。父母花大錢送他去補習班，三科全補；每年暑假更是報名昂貴的記憶加強班，都沒有成效。後來他帶孩子來說想做大腦掃描，看有沒有長瘤，不然怎麼老學不會。我聽了很難過，讀書讀到這種地步，真是大人小孩都受罪。

我細問了一下孩子的學習狀況，才知道他是讀書不得法。學習要有效，一定要思考這一段和前一段的關係，我們的記憶跟意義度有關係，有意義的東西才記得住。而睡眠更是白天所學能否順利進入長期記憶去保存的關鍵。

大腦的資源有限，不能處理所有想要進來的訊息，只有引起孩子注意的訊息才會被處理。所以老師最重要的工作便是引起孩子的動機，使孩子產生學習的欲望。神經科學的研究發現，只有主動學習才會使神經連接，被動的學習是無效的。教學要先讓孩子知道學這項知識是為了什麼，先引起他的好奇心，他便會注意聽講了。

我們的記憶其實是種熟悉度，看的次數多，自然就會記住（所以廣告都是一直重複播放）。神經迴路活化的次數愈多，連接愈緊密，記憶力就愈好。孔子說「學而時習之」，幫助記憶最好的方法便是時時拿出來溫習一下，每次看，每次活化了神經迴路，次數多了，迴路變大條，臨界點低了，自然就容易記住了。

另外，研究發現，把要學的東西分開幾次來學，效果比一次全部學完來得好，這叫做間隔效應（Spacing Effect）。同時，可以利用情境來加強提取的線索：比如說要背一個生字十遍，那麼在十個不同的地方背一遍，比在同一個地方背十遍有效。這好比一個東西被十條繩子綁住，垂到古井，它被提取出來的機率比被同一條繩子綁十遍來得大，因為前者一條繩子斷了，還有九條可以用，但是後者一旦繩子斷了，東西就永沉井底了。

其實，讀一遍後，把書合起來，想一下這章在講些什麼，便能知道自己讀進去了多少。實驗顯示，雖然都是給學生十堂課的時間去學習，把十堂課全部拿來溫書的效果，不及複習一遍後、先考一下自己的效果好。後面這個方式，當遇到不會的問題時，立刻回去找答案，就加深記憶了。

實驗還發現，孩子在深度睡眠時，大腦中管記憶的海馬迴會把白天學過的內容快速重播一遍（速度是白天的二十倍），去蕪存菁，與其他資訊整合後，送到頂葉的長期記憶去保存。

老鼠在深度睡眠時，腦波的形態跟牠白天跑迷宮時一樣。醒來後，老鼠跑迷宮的速度和正確率跟牠深度睡眠的品質有正相關。不過睡眠只能處理白天已經學過的東西，無法學新的東西，所以坊間那些睡覺聽外文錄音帶二十四小時就能學會第二語是不可能的。

我跟朋友說，可以先朝兩個方向去努力：一是改變孩子學習的方式，要加深記憶，須多想少背，多讀課外書，因為知識是相通的；二是晚上早點睡，功課沒做完，寧可隔天早上早點起來做，睡飽了，隔天上課注意力才會集中，學習才會好。上補習班把同樣的課程聽第二遍，不如自己在家好好想一遍。

正確學習，效果更好

一位家長來信說他就讀國中的孩子讀書很認真，但考試和作業很多，又要補習，時間不夠用，每天都要十一點多才能睡覺。我看了以後很難過也很無奈，因為解決問題唯一的方法是不去補習，但是臺灣補習的觀念已經根深蒂固，很難動搖。其實家長不知道，補習的代價是學習興趣的消失、身體免疫力的下降及學習方式的錯誤等等。

血清素是大腦中的一種神經傳導物質，跟我們的學習、睡眠、記憶和情緒有直接的關係。它在早晨濃度最高，所以早上的學習效果好，到下午五點鐘左右時，它的濃度很低，注意力無法集中，因此工廠出意外多半在下午快收工的時候。

孩子在學校中學習一天後，到傍晚五、六點鐘是最累、最不想學習的時候，如果再坐在教室中補習，效果幾乎等於零。因為人不是機器（連機器持續用久了都會有彈性疲乏），不停塞東西到大腦中，能記得的有多少呢？

孩子需要的是學一學，停下來想一想，剛剛學的東西和以前的知識有什麼關係，應該儲存在哪個類別中。這部分是大腦潛意識的運作。

實驗發現，學生看一百二十個字，如沙發、玫瑰、汽車、饅頭、桌子、醫生、牡丹等，看完後請他們把這些字默寫出來。結果發現他們會把沙發和桌子、玫瑰和牡丹寫在一起。學生在看的時候不自覺，但是大腦會自動把看到的東西分門別類，按家具類、花卉類儲存，這是記憶的一項特質，要給大腦時間去消化。

如果只是一味的塞進知識，那麼前面進去的來不及消化就會被後面的擠掉。要記憶的東西好似月臺上的貨物，火車進站後，工作人員急忙把貨物塞進車廂，載到長期記憶去儲存，但是如果東西太多來不及塞，火車開走了，那些未被塞進車廂的貨物會被後來抵達的貨物推擠，掉落月臺，掃除掉了。

所以孔子說「學而不思則罔」是有科學根據的，拚命塞知識給孩子，不如給孩子時間去思考，知識才會成為他的。

補習另一個壞處是，重複的聽講會降低學習的興趣。大腦會注意新奇（novelty）的東西，孩子若在補習班已經上過該課內容，那麼上課時缺少新奇感，就不會好好聽課。其實，如果上課好好聽講，就不必去補習班浪費時間，而上補習班的時間正好拿來閱讀，補充背景知識。

我們的記憶本質是愈熟悉愈了解意義，記憶效果愈好，因為知識是相通的。尤其是文史類，在這裡不懂的東西，往往在另外一本書中找到解釋，所以閱讀課外書其實是在幫助孩子學習課內知識，還可以增加他的國文程度。

過去聯考時代，很多狀元都不曾補習過，但都大量閱讀課外書，建議家長不妨減少補習時數，多讓孩子閱讀他喜歡的書，而且他有足夠的時間睡覺，成績也會比較好。

成功必備——熱情與毅力

一九八八年諾貝爾物理獎得主萊德曼（Leon Lederman）在二〇一八年十月三日過世了。這個消息除了物理學界，好像沒有很多人注意到。其實，他是「功課不必很好，只要有熱情、有毅力就會成功」的最佳案例。

一九二二年，萊德曼生在一個從烏克蘭移民到紐約的猶太家庭中。那個年代的美國人其實相當歧視猶太人，所以他並沒有很多機會去接觸課本以外的東西。大學畢業後去當兵，二次世界大戰結束後，他藉由《美國退伍軍人權利法案》（GI-Bill）提供的就學優惠，進入哥倫比亞大學物理所就讀，後來進入費米實驗室，最後拿到諾貝爾獎。

他拿到諾貝爾獎後，有一天，一個芝加哥大學的學生問他：「您是什麼時候知道您是拿諾貝爾獎的料？我很用功，但成績拚不過我的同學。假如我不是諾貝爾獎的料，不如早一點投入職場，以芝加哥大學的校譽，我可以找到一個朝九晚五、薪水不錯的工作，只是我心中並不想如此過一生。所以我想知道，您怎麼知道您可以成為科學家？」

萊德曼的回答出乎人們對諾貝爾獎得主的看法。

他說他高中成績不好，總在 B^+ 和 B^- 之間徘徊，大學念的是校風強悍的紐約市立大學（因為免費），功課還是 B，只是他對所有不知道的東西有求知的熱情而已。他一直不知道自己要做什麼，即使當了三年兵，還是不知道未來的方向，但是因為他最好的朋友去念了研究所，他就跟著去念。在那裡，他接觸到了一個全新的世界，點燃了他對知識的熱情，所以當別人回家休息了，他還在實驗室裡繼續工作，每天廢寢忘食，不知東方之既白，最後拿到了諾貝爾獎。

他說，只要肯做，大部分人都可以找到薪水不錯的工作，但是要問你自己，你人生的目的是什麼？你對生命的要求是什麼？如果你能早上一睜開眼睛就迫不及待要進實驗室，晚上筋疲力竭才要回家，心中想的不是加班費而是實驗的結果，你就可以投身科學領域。科學家是個薪水低、工時長、沒有紅利、全年無休的行業，但它帶給你的滿足不是金錢可以衡量的。

「至於我是什麼時候知道我是諾貝爾獎的料？是當他們唱我的名字，叫我上臺去領獎的時候。」

他的回答使我在看過這篇文章三十年後，仍然對內容記憶清晰。尤其是最後一句：「當他們唱我的名字，叫我上臺去領獎的時候。」如果做研究不是為了求知求真，而是為了求名求利，就難怪有這麼多論文抄襲或假論文的事件出現了，講起來這些人真不配稱為科學家。

此外，很多人迷信天賦，所以那個芝加哥大學的學生才會這樣問。但是世界上沒有什麼所謂的天才，把自己放對了位置（niche），讓自己的能力能夠發展出來，就是天才。

成功的人往往不是最聰明的人，卻是對工作充滿熱情、不計成敗的人。成功沒有捷徑，熱情與毅力是通往成功唯一的途徑。萊德曼的逝世使世界少了一個科學家，對我來說，更是少了一位人師。

棉花糖實驗新啟示

我們一向知道環境會影響人的行為，但是直到最近幾年才知道它是透過潛意識不自覺的在改變我們。

史丹佛大學曾有個很有名的棉花糖實驗，研究者告訴八十名幼兒園小朋友：「現在吃，你有一顆糖，如果等十五分鐘我回來後，你再吃，你有兩顆糖。」結果發現有些孩子可以抑制自己的欲望，有些不行。那些可以等待的孩子，十年後的學業成績和人際關係都比較好。

這個實驗被專家學者廣泛的引用了五十年，一直到最近，加州大學爾灣校區的研究者重新做了一次這個實驗，才發現當初的解釋可能不對。

新實驗做了九百名不同種族文化背景和社經地位的孩子，在控制了父母的教育程度、社經地位和教養方式之後，發現環境和教養資源才是決定一個孩子吃不吃糖最主要的原因。

原來那些能夠忍住不吃的孩子都是家境比較富裕的孩子。

棉花糖在美國是一種很便宜的糖，人們常在烤肉或營火會時，用樹枝串起來烤來吃。家境好的孩子對這種糖可能不是很在意，所以暫時不吃也罷。但窮人家的孩子有糖吃就很高興了，尤其他過去的經驗可能是：馬上吃，是我的；等一下，糖就會被別人吃掉。他很了解手上一隻鳥勝過樹上兩隻鳥，所以他會先吃。

實驗者所觀察到的結果，可能跟孩子的自制力沒有關係，卻跟他生存環境所給的教訓有關係。

動物界也有這種例子。靈長類的黑猩猩和巴諾布猿（Bonobo）是兩百萬年前才分家的近親。實驗者把兩隻巴諾布猿關在不同的籠子裡，但中間有窗戶相通。實驗者給一隻巴諾布猿五顆堅果，但沒有給牠工具去敲開來吃；另一隻巴諾布猿則有兩樣工具，卻沒有任何堅果。結果有堅果的巴諾布猿會分一些給另一隻，另一隻卻不會把工具分給牠。同樣情況換成黑猩猩時，結果就不一樣了。黑猩猩不肯分享食物，卻會分享工具。

如果只從表面來看，我們可能下錯結論，但是如果了解牠們在非洲大草原的生活情形，就能了解為什麼了。

巴諾布猿生活的環境食物豐富，牠不在乎少一、兩顆堅果，所以牠會分給別人，但因為不需要使用工具就有得吃，牠不知道那些工具是幹什麼的，就不會去理它。黑猩猩的生活環境食物稀少，牠們要很辛苦覓食才能吃飽肚子，因此牠不會把堅果分給別人，但是黑猩猩會用樹枝去鉤白螞蟻出來吃，會用石頭敲堅果，取果仁出來吃，所以牠們會分享工具。

這兩種猿雖然基因上很相似，但生活的環境不同，生存的壓力使牠們演化出不同的社會行為。

因此，對行為的解釋，必須把生活環境的因素考慮進去，結論才會正確。

人是環境和基因互動的產物，環境對我們行為的影響比過去以為的大，人不能挑父母，無法生而平等，但是人可以透過後天的分享使資源平等。只有在相同立足點上的競爭，才是真正的公平競爭，才是文明社會真正的定義。

小心眼神洩漏你的祕密

我在候車亭聽到這樣一句話：「我早就知道老闆一定會讓他走，你沒注意到老闆跟他講話時，眼睛都不看他嗎？」

心理學上有個觀察，人會在人群中找尋自己喜歡的人，找到後，眼睛會鎖定在這個人身上，尤其是青春期暗戀一個人的時候；相對的，人常會避免和不喜歡的人眼睛接觸。

有個犯罪學家告訴我，頭戴式的眼動儀可以利用偵測眼睛的動向來幫忙破案。他說不管這個嫌疑犯如何否認，只要帶他到犯罪現場，他的眼睛會不由自主的去看屍體倒下去的地方，這個不自覺的動作會洩漏心裡的祕密。

最近幼兒研究發現，母子眼神的接觸可以幫助孩子的語言學習。當母親指著一個東西說「奶瓶」時，孩子會先看母親的眼睛，確定母親在跟他說話，再順著母親的手去看她所指的東西，幾次以後，孩子就學會了「奶瓶」這個字。但是在奶瓶旁邊放個錄音機，一直播放「奶瓶」、「奶瓶」的讀音，並不能使孩子學會這個東西叫奶瓶。寶寶需要眼神的接觸來啟動注意力。

研究更發現，母親跟孩子說話時，眼睛看著孩子，孩子的語言學習比較快，學的詞彙比較多。預測一個兩歲寶寶詞彙量最好的方法，是他一歲學語時，照顧者跟他眼睛接觸的次數、回應他和跟他互動的頻繁程度。統計顯示，十九個月大的嬰兒平均可以講一百個字，但是在一歲前，親子有眼神互動的嬰兒平均多了三十個字。嬰兒在還沒有能力說話前就已經想跟別人溝通了，這時照顧者的回饋支持了孩子語言的發展。

最近一個實驗，將兩個月大的嬰兒放在核磁共振中，掃描他們聽到人類語音時的大腦狀態，結果發現這麼小的嬰兒，大腦活化的順序與區塊跟成人一樣，雖然才兩個月大，還聽不懂大人在講什麼，但是從聲音進入嬰兒大腦後，它活化大腦的路線和位置竟然已經跟成人是一樣的，語音刺激可以活化大腦語言的迴路。

法國最新的研究也發現，學習要發生，注意力要先啟動。以前我們做助教時，系主任就說，在上課前，眼睛先掃過全班一遍，要讓坐在最角落的學生都覺得你看到他了，你再開始上課，這樣上課的效果會好。

眼睛代表著注意力，眼神卻是我們內心潛意識的流露。人與人之間的眼神交會，就是建立彼此心靈一致性的社會化過程。

預防老化，顧好你的骨頭

我是一個不愛動的人，一向奉行「一動不如一靜」，因此這次新冠肺炎疫情對我沒有影響，反正本來就不出門。但是最近有篇論文使我一看之下，立刻跳起來去健身房報名。

過去，我們都認為骨頭是個架子，使肌肉有地方可以附著而已，但是最近的研究發現，它竟然跟老化、糖尿病、阿茲海默症有關。

我們骨頭裡的造骨細胞會分泌骨鈣素，使我們長高並從受傷中復原，但是當實驗把老鼠製造骨鈣素的基因剔除後，牠們的骨頭竟然一樣發育，只是老鼠變胖了，記憶力變不好了，昨天學會的東西今天又忘記了。

原來骨鈣素還是個荷爾蒙，藉著循環全身的血液和其他器官溝通，調節我們的新陳代謝，跟食欲、肌肉、生殖，甚至肝功能都有關係。

研究又發現，治療骨質疏鬆症的藥可以減輕糖尿病，原來破骨細胞（Osteoclasts）會製造一種荷爾蒙——DPP-4，可以調控血糖。骨鈣素還跟我們在遇到災難時緊急應變的戰或逃有關，因為切除了腎上腺、不能分泌皮質醇（Cortisol）的老鼠被電擊時，仍然可以做出緊急反應。一根骨頭能有這麼多的重要功能，真是出乎我們的意料之外。

我們的骨質在二十歲左右到達頂點，然後慢慢走下坡，人到中年以後，血液中的骨鈣素濃度下降了，肌少症（Sarcopenia）、記憶和認知功能的缺失就慢慢出現了。骨鈣素會增加在肌肉中三磷酸腺苷（Adenosine Triphosphate, ATP）的產生，而ATP是細胞內的能源，它也調控大腦中血清胺和其他跟記憶有關的神經傳導物質。所以中年後，我們的記憶、身體的運動機能，就逐漸不行了。

過去認為這個衰老的歷程是不可逆轉的，但是最近科學家把骨鈣素注射進十八個月大的老鼠裡（老鼠三個月成熟，六個月盛年，十八個月已經是老老的老鼠），牠們跑迷宮的能力跟年輕的老鼠差不多，表示體力和記憶有返老還童的跡象。產生骨鈣素最好的方法是運動，我怕得阿茲海默症，只好去運動。

不過我很好奇，為什麼骨頭跟生存有關呢？很可能在遠古的時候，我們的祖先為了要逃命，骨頭必須提供肌肉ATP使它可以持久的跑，大腦還得記得獵食者出沒的地方，好避開它。為了使自己不變成別人的晚餐，骨鈣素便慢慢演化成活命的荷爾蒙了。

睡飽睡好，大腦更靈光

朋友帶她的孩子上館子來慶祝放暑假，重獲自由，正巧坐在我旁邊。我問孩子們暑假的計畫，他們說，上學時，最痛苦的就是早起，所以整個暑假什麼事都不想做，只想睡個飽，不然一開學又沒得睡了。

我問：「你們認為睡眠可以儲存嗎？」他們一臉狐疑。其實，我們的身體不是這樣運作的。

我們偶爾開個夜車臨時抱佛腳來準備考試沒有關係，但不能常做，因為睡眠不足會影響多巴胺系統的運作，而多巴胺除了是正向的神經傳導物質，可以使你心情好，還跟我們的警覺（alertness）有關。

莎士比亞說睡眠是受傷心靈的撫慰，研究發現，睡眠可以增加記憶力和創造力，使你苗條（睡眠不足會使人偏好重口味和油炸的食物而容易發胖），使你不容易感冒和失智。

我們的睡眠分兩種，快速動眼睡眠（Rapid Eye Movement, REM）和非快速動眼睡眠（NREM）。REM睡眠是把白天收進來的訊息跟舊的知識連接起來做組織和整理；NREM睡眠則是把新的訊息透過固化（consolidation），送到長期記憶中去儲存起來。兩者的腦波形態也不同，REM睡眠的腦波跟清醒時很像，是貝塔波（β），而NREM睡眠是慢波。

過去我們對睡眠不了解，不知道它對學習的重要性，常鼓勵孩子三更燈火五更雞的去讀書。現在知道這是不對的，睡眠可以強化記憶、啟發創造力，並增強免疫系統，使孩子不易受病毒的感染。一個睡飽的孩子心情愉快、上課有精神，注意力也可以集中。

有個實驗是要求孩子在電腦螢幕出現光點時，以最快的速度按鍵。結果發現，睡眠不足的孩子對螢幕上的光點反應遲鈍或根本不反應。所以現在美國很多州都將上學時間延後，讓孩子可以多睡一點。

這一點對青少年尤其重要，因為大腦中的褪黑激素分泌的時間在進入青春期後變得更晚，所以青少年往往過了子夜以後才睡，但是早上七點就得起床上學，因此，很多青少年的睡眠都不足，有礙學習。

加州大學柏克萊分校有個研究，發現許多被診斷為注意力缺失過動症（ADHD）的孩子，在睡飽了之後，那些ADHD的症狀就消失了。

NREM的主要功能是處理課本上的知識和生活中的瑣事，例如汽車停在哪裡這類我們叫做事實或事件的記憶。

有一個實驗是讓大學生在學習完一百個生字後，一組去睡覺，另一組不能睡。結果沒有睡的那組回憶生字的成績比睡覺組差了四〇%。這個實驗說明了開夜車沒有效，沒睡覺，大腦記不住，徒勞無功。

研究發現，甚至短短二十分鐘的午睡都對學習有幫助，相較於沒有午睡的學生，有午睡的學生學習效果好了二〇%。

實驗者給大學生看一長串文字，每個字出現後，螢幕上會出現R（Remember，要記住）或F（Forget，不需記）。看完後，一半的大學生去午睡九十分鐘，另一半保持清醒，晚上六點再請他們默寫出所有的字。結果發現，午睡組回憶出的字很多，而且都是應該記的字；沒睡組不但默寫出來的字少，而且很多是不需記的字，再次證明了睡眠對學習的重要性。

至於REM睡眠可以幫助創造力，那是因為在REM睡眠時，我們的肌肉完全放鬆了（atonia），大腦可以大膽的在夢中追逐獵物、練習打架、複習演化所賦予的生存本能而不會出事，它會把白天進來的訊息和過去儲存的記憶連接起來自由組合，所以它對創造力有幫助。

有個實驗是，當大學生在作夢時，把他們搖醒，給他們看一串字母，如「OSGOE」，要他們以最快的速度說出這串字母可以組成什麼英文字（正確答案是「GOOSE」）。結果大學生在REM睡眠中的表現比在NREM睡眠時的正確率高了很多。

因為睡眠的最後兩個小時（如十一點去睡，早上五點到七點就是醒來前的兩小時）是大腦在處理技術性（如彈鋼琴或打高爾夫球的技巧）記憶的時間，所以要讓孩子睡到飽，他所學的技能才會進步。

很不幸的是，我們常設定鬧鐘，把孩子叫起來上學，縮短了他處理技能學習的時間。很多求好心切的教練更讓選手晚睡早起來殷勤練習，結果反而犧牲了這兩個小時精進技術的機會，得不償失。

新的睡眠研究讓我們明白，睡眠不是學習的敵人，它是學習的夥伴，孩子睡得飽，學習效果才會好。

睡得飽不但增加我們學習的效果，還可以避免生病。

如果睡眠少於三小時，身體的免疫力會降低五〇%。實驗者把感冒病毒噴進大學生的鼻腔中，然後抽血看身體中的抗體情形，結果發現睡眠少於三小時的人，有五〇%被感染了，但睡足七小時以上的人，只有一八%感冒。

睡眠不足會使血壓上升，啟動交感神經，分泌壓力荷爾蒙，這會壓抑我們的免疫系統，我們就容易生病了。

另外，在深度睡眠時，大腦會分泌生長激素，嬰兒如果今天比平常睡得多，四十八小時以後，他會長高一點。我們成年後不再長高了，但是這個生長激素可以修補血管內層的損傷。所以睡眠不足容易引發心血管疾病。

睡眠跟失智也有關係。

我們的大腦有血腦障壁（Blood-Brain Barrier），它外層是排列很緊密的膠質細胞（Glial Cells），保護著大腦，不讓不該進入大腦的東西進來。晚上在深度睡眠時，膠質細胞會縮小六〇%，使白天新陳代謝所產生的廢物如類澱粉蛋白（Beta Amyloid）和道（Tau）蛋白可以透過脊髓液運出去。大腦中的膠淋巴系統（Glymphatic System）雖然白天也在運，但是晚上的量是白天的十倍。

更重要的是，在老鼠實驗上看到，雖然只有一天不睡，類澱粉蛋白在神經細胞上的沉積就增加了，長期的睡眠不足則會使毒物累積到危險的程度，增加失智的風險。

柏拉圖說，雅典的公民在二十歲以前，只要學習體育和音樂就夠了。體育是強身，音樂陶冶性情、培養德性。這兩個做人的基礎打穩後，人隨時可以學新的東西，何愁未來沒有工作？但沒有健康和品德，再好的知識都用不上。在二十一世紀，我們更要知道如何維護自己的健康（至少不失智），才能享受現代文明和機器人帶給我們的服務。

閱讀可預防失智

在一個推動閱讀的會議上，有人問：為什麼不把寶貴的資源用於推廣老化教育來防止失智症，而還在推閱讀？

一位學者回答：臺灣失智人口遽增，已經對社會經濟、醫療資源及家庭生活帶來重大衝擊。教育國民了解自己的大腦、推廣健腦操，讓大腦思緒活絡，避免失智上身，是刻不容緩的事。它本是政府的責任，但是目前政府只顧選舉，不撥經費來辦正事，只好民間自己來做，畢竟它直接關係著我們每一個人，因為人只是活得長還不夠，得要活得健康快樂才有意義。《洪範》五福中的「考終命」（善終）是最難的，連帝王都不見得求得到。

我看到許多人頻頻點頭，但是其實大家不了解，閱讀正是防止失智最好的方法，因為大腦是用進廢退，它需要不斷的接受外界刺激來活化神經元和迴路。人的眼睛看到字時，它會自動激發跟這個字有關的形音義並產生各種聯想和創意，大量的活化大腦。閱讀能力愈強的人，思緒愈複雜，大腦活化得愈多。最近研究發現，閱讀能力跟失智及認知功能退化有直接的關係。

國外有個研究是追蹤九百八十三位六十五歲以上、平均教育年齡少於四年的人，追蹤時間長達四年，每年給他們做記憶、語言能力、視覺空間能力測驗，並診斷有無失智症。結果發現，第一次檢查時，文盲比識字者得失智症的機率高了三倍；而第一次檢查沒有失智、三年後有失智的比識字者高了兩倍。這個發現與我們臺灣學者的發現吻合。

臺灣的研究者收集了兩百多位平均年齡七十歲的老人，給他們做生活滿意度量表及語言理解、短期記憶、注意力與計算能力、訊息登錄能力、方向感的心理測驗，並結合神經造影技術如神經迴路擴散張量影像（Diffusion Tensor Imaging, DTI）來看雙語、教育程度與大腦心智健康的關係。結果發現，教育程度愈高者，大腦掌管抑制控制的腦區活化量愈高，在處理複雜訊息、語言理解等心理測驗的能力上愈好，其中最顯著的是記憶，而記憶正是診斷失智症的關鍵因素。

其實閱讀不止於識字，它還包括新知的獲取、思想層次的提升，它打開我們的視野，從內心得到安寧與滿足。快樂會提升身體的免疫力，健康的身與快樂的心正是抵抗失智最好的武器，考終命是老年的目標，閱讀可以幫助我們達到它。

疫後人生需要

開創新局

疫情下的歧視，科學有解

為什麼人會對一個有嚴重殺傷力的病毒不以為意？

演化上，只要是跟死亡有關的事，人們只要學一次就會，因為大自然不會給你第二次機會。然而在疫情極度嚴重的時候，全球竟有這麼多人去度春假，實在令人大惑不解。為什麼他們這麼快就忘了停屍間堆積如山的屍體，敢和死神賭梭哈？

原因出在觀念。

僥倖的觀念使他們認為自己不會這麼倒楣。

那麼，我們該如何去校正這項錯誤？這可不容易。王陽明說過：「擒山中賊易，破心中賊難。」幸好，有個實驗法可以透過感同身受來達到這個目的。

瑞典卡洛林斯卡（Karolinska）研究院的學者設計出一個方法：給受試者戴上換位護目鏡（Displace goggle），再在他面前放一個頭上戴著錄影機的假人，透過護目鏡和錄影機，當他低頭看自己的身體時，他看到的其實是假人的身體，這是一種錯覺。

例如你動手拿一樣東西，你看到物體開始靠近你，你直覺這是你的手在作用，但其實不是，它可以是別人的手。只要你看到別人手的時間跟你自己手動引發大腦訊號的時間一致，你就認為是你的手在動了。

這個錯覺很強，你看到一把刀刺進你的身體，馬上緊張到全身起膚電反應，但其實刀刺入的是假人的身體。而你大腦負責綜合多重訊息的額葉和頂葉活化得像是有一把刀真的插入你的身體似的。

西班牙巴塞隆納（Barcelona）大學的研究者利用這套設備來研究種族偏見。他們先給白人受試者做一個內隱連結測驗（Implicit Association Test, IAT），詢問他們有關種族歧視的各種問題。一週後，請他們到實驗室來，戴上換位護目鏡後，教他們打中國的太極拳。一組人看到自己的身體是黑人的，另一組人看到自己的身體是白人的。又過一週後，請他們再來做一次ＩＡＴ測驗。結果發現那些經驗過黑人身體的白人，種族偏見分數減低了許多。

也就是說，要消滅根深蒂固的種族歧視，必須像《梅崗城故事》中，芬奇（Finch）對女兒說的：「你只有鑽進那個人的皮膚中，穿他的鞋走路，你才會真正了解他的感受。」

感同身受，是消除歧視唯一的方法。

這個實驗並不難做，這次肆虐全球的新冠病毒引爆出許多潛在問題，包括人道救援和種族歧視等。或許我們可以運用科學來改變人的偏見，使人性的善良得以展現出來。

瘟疫是禍，也是帶來轉機的福

俗語說「人算不如天算」，天下沒有十拿九穩之事。一個學生原先計畫暑假後去美國念書，沒想到疫情一來，去不了了。就算疫情過去，學校也不太可能給她獎學金，因為連麻省理工學院這種名校都凍結聘任，校長甚至自我減薪來節省開支。她很後悔沒有一畢業就走，變得像美國總統川普一樣，開始怪罪別人害她出不了國。

這是一個很不健康的心態，當我們怪罪別人時，會以負面的眼光去放大別人的一舉一動，而且抱怨的話說多了，會沒有朋友。人生的路很長，牡丹雖好，還要綠葉襯，人需要貴人相助，所以我決定找她來談談。

我勸她不要怨天尤人，人生沒有回頭路可走，即使當時去了美國，現在學校縮減經費，停止發放獎學金，困在美國，反而更糟糕。既然不如意事是十之八九，何不隨時準備好接受無常。

人類史上，天災人禍從來沒有斷過，即使沒有瘟疫，也有水災、旱災或蟲災。每次災難都會死很多人，但也同時改變了倖存者的觀念：人偏向守成，不喜歡變異，只有在安全網被打破時，才肯求變。

例如以前覺得上班一定要去辦公室，現在發現不進辦公室也可以工作：文件可以傳真，溝通可以視訊。以前有一大堆非開不可的會議，現在不開那些會，好像也沒耽擱到什麼事。

教育更是如此。雖然網路上有很多磨課師（MOOCs）的課程，但人們還是不習慣在網路上學習，現在各大學停課，只好遠距教學。師生固然因缺少互動，成效不那麼高，但它至少改變了教與學的觀念，以後的課堂會很不一樣。

疫情更讓這一代的年輕人看到環境在未被汙染前是什麼模樣：廢氣少了，空氣就變乾淨了，印度北部的居民第一次看到二百公里外的喜馬拉雅山；一個在武漢住了四年的美國人，一直以為武漢沒有鳥，現在發現不但有，還很多；遠洋的郵輪停駛後，海洋安靜了，鯨的壓力荷爾蒙降低，繁殖容易了。

沒有疫情，人不會停下來想，目前這一切，包括瘟疫，都是人的自作自受。只有改變環境觀念，人才有生存空間。瘟疫是禍，若能因此檢討自己，它便是帶來轉機的福。

我告訴她，把握現在，期待明天。學問本是隨時隨地都可以追求的，不必沮喪。

女生有備胎，更能抵抗炎症

學生拿了一份資料來問我：為什麼全球新冠病毒的死亡率中，都是男生比女生多？大陸男生的死亡率是二．八%，女生只有一．七%；義大利男生死亡率一〇．六%，女生六%；西班牙男生的死亡率是女生的二倍。

男性死亡率高於女性的現象，在SARS、MERS和西班牙流感中皆是如此，為什麼呢？

這是很有趣的問題，我第一個想到的是抽菸，因為菸傷肺。大陸男生抽菸者比女生多，大陸男生半數有抽菸，女生只有三%。但是義大利男生二八%抽菸，女生一九%抽菸，死亡率仍然是男生高，所以抽菸不是原因。

在這次疫情之前，有一本新書出來，作者是神經遺傳學和罕見疾病的醫生莫艾倫（Sharon Moalem）。他在書中說，女性對發炎的抵抗力比男性強；老年疾病如糖尿病、心血管疾病和癌症，男性死亡率比女性高。除了女性荷爾蒙可以增加免疫細胞的抵抗力之外，他認為還有染色體的關係。因為許多調控免疫系統的基因是登錄在 X 染色體上，女性有兩個 X 染色體，男性只有一個。他說第二個染色體扮演了關鍵角色——女生的每一個細胞都比男生多一個 X 染色體，所以女生有二倍的基因去調控免疫系統。雖然每次只需用到一個 X 染色體，但是女生有備胎，有備則無患。

我們的細胞膜上有受體，它像個鎖，只有先天設定的鑰匙才能打開它進入細胞內。對新冠病毒來說，這個鎖是血管張力素轉換酶 2（Angiotensin-Converting Enzyme 2 ,ACE2），新冠病毒的外圈有棘突蛋白（Spike Protein），當它的棘突蛋白騙過細胞膜上的 ACE-2 時，門就開了，病毒就進入細胞，人就被感染了。

男、女生的細胞膜上都有 ACE-2，但是女生的兩個 X 染色體上有兩個不同的 ACE-2 基因，所以病毒無法立刻使女生肺部所有的細胞都失去功能。當肺的細胞受損時，組織液會滲入肺部造成積水，造成咳嗽和呼吸困難，所以嚴重時必須使用呼吸器，否則會窒息。這是莫艾倫認為女生死亡率比男生低的原因。

莫艾倫認為，凡是跟 X 染色體有關的疾病，女性患者都比男性少，例如女生得韓特氏症（Hunter Syndrome，第二型黏多醣症）的人比男生少、女生有色盲的人也比男生少，因為一個 X 染色體壞了，她們還有另外一個可以用。

凡是照顧孩子的動物都活得比較長，扶養伶猴的公猴比母猴多活二〇%；母黑猩猩比公黑猩猩多活四二%。人類社會一開始時，是母系社會，或許就是因為這個關係吧！

防禦性悲觀教你如何直球對決

一般來說，西方人比較樂觀，東方人因為天災人禍不斷，比較焦慮，環境使然，無可厚非。但是負面情緒會壓抑免疫系統，對健康不利，所以人應盡可能樂觀，做老師的更是鼓勵要學生正向思考：「考壞了？沒關係，下次努力」、「天塌下來了？沒關係，有長人頂」。但是最近覺得太過樂觀可能會誤事。

這次新冠肺炎會造成全球這麼多人死亡，其中一個原因就是很多國家太過樂觀，沒有利用大陸剛爆出疫情的兩個多月先行預防，連最基本的口罩都沒有備足，美國總統川普更是無視全國超過二十萬以上的人口死亡、白宮幕僚確診，連他和他的兒子也被感染，但他始終還是不肯戴口罩，令人非常不解。

悲觀的人可能比較不快樂，但他們比較實際。有一個實驗是請大學生坐在桌前，每次按鈕，綠燈便會亮起來，但有時候綠燈會不亮。悲觀的人幾乎馬上就發現這個鈕並不能完全控制燈，進而懷疑實驗者的話；樂觀的人卻一直相信他們對燈有控制權，會繼續做下去。

美國在越戰之後，社會瀰漫著一股悲觀的失敗主義，人們焦慮不安、憂鬱、失眠，嚴重影響社會安寧。藥物雖可幫忙，但副作用大，因此一九八〇年代發展出一種認知治療法，請病人預設最壞的各種可能性，然後擬出應對的方法，一旦心裡有了譜，便可減低焦慮感。這就是「防禦性悲觀」（Defensive Pessimistic）。

衛斯理學院（Wellesley College）的諾倫教授（Julie Norem）在她的著作《我悲觀，但我成功：負面思考的正面威力》中提及，防禦性悲觀主義跟一般的悲觀主義不同，它不能使你不焦慮，但它可以使你的心智集中在你能控制的事情上，所以它能夠有產值（Productive）。

這也是美國股王巴菲特（W. Buffett）所說的：「正確的評估真相，然後著手面對它。」逃避或否認不能解決問題，直視它卻可以。最近更發現，這種方法可以延緩焦慮症者的細胞老化。

我們染色體末端DNA序列的端粒（Telomere）會因細胞分裂而變短，當端粒短到無法再分裂時，人便老化。瑞典的研究發現焦慮症者的端粒比正常人短，但是接受認知行為治療的患者比未受治療者好一些。

《中庸》說：「凡事豫則立，不豫則廢。言前定則不跲，事前定則不困，行前定則不疚，道前定則不窮。」執政者必須有防禦性悲觀的心態，自欺（Self-delusion）會帶給人民災難，甚至導致自己下臺。

事緩則圓，拖延未必不好

美國新冠病毒疫情嚴重，至二〇二〇年十月，已經有七百五十萬人確診、二十一萬人死亡。疫情會擴散得那麼快，除了人們不肯戴口罩、不肯保持社交距離，心理學家還指出另外一個原因：人們喜歡輕鬆無負擔的心理狀態，對不喜歡的事情會希望趕快結束，所以疫情才稍緩，就迫不及待出門旅遊、吃飯，沒想到頻繁接觸人群後，疫情又嚴重起來了。

研究發現，人們對不喜歡的事情有兩種態度：一是拖延，拖到最後，希望事情自動消失；一是趕快把它做完，使心裡沒有負擔。前面一種態度，往往事情不但沒有消失，反而變得更糟，小洞不補，大洞吃苦，因此拖延不被鼓勵，反而鼓吹「今日事今日畢」，愈討厭的事要愈快解決，於是就出現了下面的情形。

走廊上一前一後有兩個水桶，請學生隨便拿一個放到走廊盡頭的儲藏室去。照說拿靠近儲藏室的那個水桶最省力，但大部分的學生卻會去提最靠近自己的那個水桶。問他們為什麼不去提靠近終點的那個水桶呢？學生說：「愈快拿起水桶，愈有完成任務的感覺，這種感覺良好，就沒去想省力的問題了。」

另一個實驗是要求學生把走廊上一遠一近的水桶提回來交給實驗者。結果大部分的學生不是用最省力的方式：先空手走去拿遠的水桶，再在回程的路上拿近的水桶，而是先拿近的水桶，拎著水桶走到遠的地方，提起另外一個水桶，再走回來交給實驗者。

尤其當實驗者給學生十個生字去背時，他們更是想都不想，直接抓起水桶就往前走，因為做掉一件事就減少大腦記憶的一件負擔，心情就輕鬆一點：趕快把該做的做掉，好留下記憶空間去背那十個生字。

我們在生活中也看到很多人拿到帳單就去付款，而不會把錢先留在銀行裡生利息，等期限快到了再付。因為事情做完了心裡就沒負擔，因而忽略了積少成多、小錢可以滾成大錢的道理。

研究更發現，有些人一聽到癌症就恨不得馬上開刀去把壞東西拿掉，沒有尋求第二意見，結果後來發現有些刀是不必開的。

拖延（procrastination）是一個不好的習慣，但是早早解決掉（precrastination）也不見得好，看起來，依古人的中庸之道最好。「事緩則圓」是有道理的，忍耐一下，或許就沒有遺憾了。

從疫禍中，找到家庭和樂之福

最近接到一封電郵，是以前教過的學生寄來的，主旨欄上寫著「拜冠狀病毒之賜」。我看了很驚訝，病毒只會帶來瘟疫和死亡，哪會賜什麼好東西？

原來，她透過這次居家避疫，找回了家的溫暖。

她說從國二起就沒有在家吃過一頓飯，每天放學都直接去南陽街的補習班補習，晚餐都是隨便打發掉。上了大學之後，更是幾乎不在家吃飯。

您曾在上記憶的課時說，嗅覺是五種感官中，唯一不經過視丘這個中途站的感官，所以人對飲食的記憶特別深刻久遠。您說留學生在國外，最想念的就是母親燒的菜，我那時還覺得很奇怪，因為我一點也記不得母親的味道是什麼，直到這次新冠病毒爆發。

我外婆來臺灣過年後，因疫情回不去香港。她便在家每天燒不同的菜給我們吃，我媽也重新穿上圍裙下廚，現在每天下班就在想，今晚會有什麼好吃的？我爸也因為沒有應酬，開始在家吃飯了。我覺得全家一起吃飯的感覺非常好，我想，那就是家的感覺，就是您說的「媽媽的味道」。

我昨天無聊，看到老電影《真善美》中崔普上校（Captain Von Trapp）對瑪莉亞說「I don't know my children」（我不了解我的孩子）時，非常有感。

如果不是這次疫情，我也不了解我的家人，對他們也沒有什麼特別的感情，反正就是在一個屋簷下生活，各人做各人的事。現在我們一起吃飯，一起看電視，甚至一起聊天（我從國中起就跟父母無話可說）。

說實在的，我很喜歡現在的生活，反而擔心疫情過後，我們又會回到從前老死不相往來的生活。我覺得我的人生應該算很幸福的，不知道為什麼以前總是那麼不快樂……

看了信，我終於了解為什麼跟學生談到我們這一輩對父母和國家民族的感情時，他們無法起共鳴了。原來他們缺乏我們當年全家一起胼手胝足，從貧困走出來的革命情感，我們看到父母的辛勞，感受到手足血濃於水的溫情，我們擁有共同的回憶。

現在不同了，當我們抱怨他們自我中心、凡事不會替別人想時……我們忘記我們給他們的生活裡就只有智育——每天去補習班為考上名校做準備，我們沒有讓他們感到父母的愛、手足之情，他們感受到的充其量是責任、是義務。因此金錢和長照就取代了晨昏定省，只是我們要的不是外傭推著去公園晒太陽，我們要的是子女的關心和陪伴，而這成為父母和子女都不快樂的原因。

感情需要在日常生活中培養，太多父母不知道子女心中在想什麼，子女也不知道父母的生活習慣和喜好。工業社會快速的步調使我們沒有機會停下來享受我們的生活。老子說：「禍兮福所倚，福兮禍所伏。」天下事本來就是「安危相易，禍福相生」，這次真的拜新冠病毒之賜，給我們一個重新檢視生活的機會。

很高興這個學生能從疫禍中，找到家庭和樂之福來。

避疫的意外收穫

新冠肺炎使大家都不敢去餐廳用餐，可是人一定要吃飯，無可奈何，只好回家自己燒飯，意外落實了政府曾大力鼓吹的「爸爸回家吃晚飯」運動。

但人是群居的動物，飽食之餘，還需要朋友。尤其，說話是活化大腦最好的方式。腦造影實驗發現，人在說話時，大腦多部位的血流量增大：不但先要知道想說什麼（意念），負責發聲的舌頭嘴唇還得配合，把聲音說出來，前額葉皮質更要活化以確定沒有把話說錯。美國很多養老院都鼓勵老人說話唱歌來刺激他們的大腦，防止阿茲海默症。所以在疫情中，我們雖然不能在外面吃飯，幾個好友仍然每人煮一道菜，輪流在家裡聚餐，維繫友情。

居家避疫兩個多月下來，我發現很多夫妻和親子的關係都改善了：過去大家忙，沒有時間溝通，時值疫情嚴峻，學校延後開學，大人又不能回大陸去工作，電影院是密閉空間不准去，家人長時間窩在一起，過去常聽到「我都不知道你每天在幹什麼」，現在知道了。其實，最好的溝通就是面對面說話，哪怕吵架也比冷戰好。

孩子呢，也學會了做家事。以往孩子多半只管念書，不管其他，一向是飯來張口，衣來伸手。寒假變長後，每天無所事事，大人不免教些淘米煮飯、洗衣拖地等家事，減少了一些四體不勤、五穀不分的媽寶。

孩子也因大人聚餐之故，學了些待客的禮貌：以往即使是通家之好，也很少看到孩子，他們不是去打球、看電影，就是去找朋友不在家。現在大型公共場所不准去，又沒學校或補習班可上，沒處躲時，只好出來打招呼。一些生活上的壞習慣，比如把喜歡的菜端到自己面前，或全部挾入自己碗中；大人還未坐定，孩子先坐下動筷的情形也沒有了。大人還會教導孩子，客人入座的順序很重要，一定要先請年高德劭的入座，弄錯了會得罪人（大人一定會推讓，因為常常坐上座，漸漸入祠堂）。

當然受益最多的是自己，高希均教授說「以讀攻毒」，現在終於有時間把過去想看而無暇閱讀的書看完。

張潮在《幽夢影》中說：「讀經宜冬，其神專也；讀史宜夏，其時久也；讀諸子宜秋，其致別也；讀諸集宜春，其機暢也。」平常事忙，沒有時間細想為什麼讀書還要分春夏秋冬，這次疫情正好在冬天，果然發現冬天冷，人不會一直起來走動，所以「其神專也」。他還說：「松下聽琴，月下聽簫，澗邊聽瀑布，山中聽梵唄，覺耳中別有不同。」疫情時不能去人多的地方，只能去人煙稀少的郊外散心，遂發現，一樣的聲音，在不同情境下聽來便有不同感受，所謂「相由心生，境隨心轉」，人的情緒，在乎自己的心。

疫情是暫時的，與其抱怨，不如「make the best of it」（充分利用），從生活的不便中找出樂趣來，快樂的過一天。

跟別人不一樣，很需要勇氣

心理學上有個名詞叫做「認知再評估」（Cognitive Reappraisal），意即，對一起不幸的突發事件，若能跳出舊框架，從另一個角度去審視它，常會帶來較好的結局，成語「塞翁失馬」即為一例。

這次新冠病毒在全球造成巨大災情，美國總統川普很不道德的把病毒怪到東方人身上，使我朋友的孩子在美國學校裡飽受排擠和霸凌。幸好後來學校停課，使他得以喘一口氣。朋友更利用居家檢疫的機會，跟她兒子長談，才知道他在學校中被同學稱為「nerd」、「weirdo」（意指「怪咖」）。他們居住的南方小鎮沒有什麼東方人，她兒子沒有朋友，也打不進主流的小圈圈，她來信問：該怎麼辦？

其實沒有關係，最近有個實驗發現，這些被主流排斥的孩子，創造力比較好，因為他們不受傳統框架的束縛。

這個實驗是先以紙筆測驗區分出主流和非主流（在學校沒什麼朋友，不屬於兄弟會或姊妹會）的兩組大學生，請他們做兩項作業。

第一項是遠距聯想測驗（Remote Association Test, RAT），即給他們三個字，例如：「fish」、「mine」、「rush」，要他們以最快的速度想出哪一個字與這三個字都有關係，答案是「gold」——「gold fish」（金魚）、「gold mine」（金礦）、「gold rush」（淘金）。這個測驗跟創造力有很高的相關性。

第二項作業是請他們畫一個自己心目中的外星人。結果發現非主流這組在兩項作業上都表現得比較好，尤其是在畫圖上。主流組畫出來的都是像電視上的外星人，非主流組則不是，他們的想像力豐富許多。

我跟朋友說，許多有成就的人，小時候都跟別人不一樣，都被別人排斥過。他們不屬於任何團體，所以能從外人的角度來看事情，勇於打破成規和框架，看到新的一面。

跟別人不一樣，其實很需要勇氣。

一九五〇年代有個著名的實驗：請大學生來實驗室做視覺判斷，從三條線中找到一條跟目標一樣長的線來。這是一個很容易的作業，但實驗的安排是六人一組，其中有五個人是研究生假扮的，只有一個人是真正的受試者。這五個人都故意給出錯的答案，這時受試者會對自己失去信心，跟隨著別人走。

很有趣的是，假如實驗者安排一個假的受試者選了正確答案（比如說B），這時，真正的受試者對自己的信心就會大增，有八〇％的人就敢說是B了。在另一個情境實驗中，四個假的受試者都選A，而有一個假的受試者選了C，雖然C是不對的答案，但是這時，真正的受試者就敢說B了。也就是說，只要有人敢跟主流不一樣，其他的人就有勇氣講出自己的看法。

我告訴朋友，讓孩子去發展出一種能力，不管是什麼能力都沒關係，只要他比別人強，他就會有信心，他將來就敢為自己發聲。

其實做個非主流也沒什麼不好，一個社會需要不同的聲音。主流一般只會找支持自己的證據，但是當有人質疑時，他們得去反駁，就必需考慮得更周全一點，這對社會其實是好。可惜研究發現，當非主流變成主流時，他們反而會更封閉。

佛家講無常，天下沒有不變的東西，不要擔心和別人不一樣，花若盛開，蝴蝶自來，人若精采，天自安排。

方法對了，學習效果更好

因為新冠病毒疫情緊張的關係，補習班停課，令許多父母焦慮不已。其實，只要懂得學習的方法，補習並不那麼重要，尤其補習班的桌椅多半排得很密，在狹小的空間裡上課，靠著空調來循環空氣，這對避疫來說，是很不利的。

最近加州大學洛杉磯校區的研究者將三十年實驗的結果做了個總結，他們發現在上課之前先提問題有助學生的記憶。比如，還沒有開始上課，就先問學生：芬蘭語的「謝謝」怎麼說？學生還沒上課當然不會，但是上完課後，隨堂測驗時，卻發現記得「謝謝」這個生字的學生增多了。這是因為上課前的問題引發了孩子的注意力，等老師教到「謝謝」時，大腦對這個訊息就特別警覺，強化了吸收。所以，先引起學生的興趣或注意會促發記憶、增強學習的效果。

另一個方法是老師在未上課前，先請學生寫下他們對這堂課的背景知識有多少，當然寫出來的很少，但是學生在知道自己不足之處後，學習的效果就好了很多。

其實這些都是有教學經驗的老師已經知道的，只是現在用實驗證明了它的確有效而已。美國的教育學者一直在推實證（Evidence-based）教學法，希望大家明瞭教學是個專業，不是每個念過書的人都能來下指導棋的（這一點在臺灣特別重要）。

最後，研究者提出一個最有效的學習法：學生在看完書後，把它合起來，問自己，剛剛這一章節在講什麼？講得出來，就有學進去了。

人苦於不自知，知道沒學會，趕緊把不會的弄懂，是最好的學習方法。

我們該學古文嗎？

報登日本派去撤僑的飛機，在去時並非空機，而是在機艙內塞滿了救援武漢的物資，箱子上面除了「加油！中國」，還印著「山川異域，風月同天」，即日本和中國雖然隔著東海很遠，「扶桑已在渺茫中，家在扶桑東更東」，但是兩國人民抬頭看到的卻是同一片天，是禍福與共。

同事拿著這份報紙來我辦公室，很感慨的說：「歷史是自己的根，文化是國家的寶，日本人知道這則偈語，而我們中國人知道的有多少？自從政府去中國化，教科書大量刪減古文篇幅，現代學生對自己語言的使用變得很陌生，我的孩子是國中老師，因內人住院而請假一天，她的學生竟在聯絡簿上寫：『老師，你老娘的病好了嗎？』我們不敢要求學生使用『令尊、令堂』這種敬語，但總不能稱呼老師的母親『你老娘』吧？過去優良的長幼尊卑傳統，現在因為政治的關係，蕩然無存！」

我聽了十分無言，因為有一次我在課堂上說，要讓學生對他的作業有榮譽心，他才會好好做。我舉了長城的磚為例，當時負責製磚的人必須在磚的底部刻上自己的名字以示負責，例如某保某甲某某製作。所以過了二千年，長城的磚還在。想不到，學生根本不知道什麼叫做「保甲」，把它寫成「寶甲」，而我教的是大學生，不是國中生。

其實現在有許多流行的用語也是不恰當的，例如：「老公」是對太監的蔑稱，不應該用來稱自己的先生；「夫人」是對別人太太的尊稱，不適合用來稱自己的太太。這種例子不勝枚舉，看看日本，想想臺灣，不禁擲筆三嘆！

海外朋友看到這則新聞，也對我說：「好厲害啊！日本人能寫出我們自己都不知道的文句。」然後問：「現在臺灣的古文教學怎麼樣了？以前在校時，很討厭古文，現在出來工作了，有時覺得還是古文好，能一語道破心中的感覺，很後悔年輕時沒多讀一些詩詞，滋潤一下自己的心靈。」

他的感慨我了解。歷史和文化使我們知道自己是誰，從哪裡來，要往哪裡去。歷史和文化留存在詩詞和古文之中，會在不知不覺中影響我們的觀念和行為。

我有個同學退休後，在偏鄉辦學，他來信請我們捐錢，共襄盛舉。信的一開頭寫著我們小學時讀過的〈武訓興學〉：「莫嘆苦，莫愁貧，有志竟成語非假，鐵杵磨成繡花針……」很奇怪的是，看信時，腦海中自然浮出六十年來沒想過的句子，心中還會接著唸：「兄弟都早死，父母又不存，飢寒交迫難度日……」

因為是好事，大家都慷慨解囊。後來同學會時一問，竟然都是因為這篇文章使大家覺得，自己若有能力，應該效法武訓去幫助貧窮的孩子（也都還記得最後那句話：「但願養我志，何須養我身」）。小學課本裡的一篇文章，竟能影響學生這麼久，應該是當年編撰教科書的委員們沒有想到的。

古文的好處是簡潔，而且很能利用中國文字音和韻的美妙，讓人讀後，餘音繞梁，三日不絕。很多人喜歡李清照的詞，因為她很會運用疊字訴說心聲，如「尋尋覓覓，冷冷清清，淒淒慘慘戚戚」（曾有同學用來描述放學回家後，到廚房找不到東西吃的心情）。

當然現在學生要讀的科目很多，沒有時間去看跟升學考試無關的東西，但是正因為如此，教科書的編撰才更重要，把古文編進去後，那就不是額外的要求了。其實這個方法是可行的，因為白話文不需要在課堂中逐字講解，課堂主要用來討論讀後心得，確定學生有讀對、讀懂。但是古文中常有轉注、假借或是已經不再用的字，這部分需要老師講解。如果要提升全民文學素養，可以透過課本，從提升學生的國文程度做起。

早期的電影片名都很文雅，如《地老天荒不了情》、《蓬門今始為君開》、《妾似朝陽又照君》，戰爭片也有《六月六日斷腸時》、《戰地春夢》，現在取片名則是直來直往，沒有一點含蓄。

文學像個潤滑劑，愈是在機器人的科技時代，文學素養愈能帶給我們一絲做為人的優雅情懷。

希望我們的學生將來也能隨時舉止文雅、出口成章，而不要只會比「Yay」或喊加油。

你的孩子是一二%邊緣人嗎？

新冠病毒疫情嚴重後，大家都不敢出門，意外造就了很多親子時間，也讓一些問題提早浮出了檯面。

一位在香港的外商公司上班的朋友，從香港回來過年後，便回不去了，正好臺灣學校也延後開學，所以她有一個多月的時間跟孩子在一起。她突然發現她跟孩子沒有什麼話講，因為沒有共同的生活經驗，彼此之間沒有共同的話題；她又發現孩子有憂鬱症傾向，在吃鎮靜劑和安眠藥。才十四歲就得靠安眠藥才能入睡，以後怎麼得了？她憂心忡忡的來找我商量。

國中是一個青黃不接的尷尬階段：他們已經不再是兒童，卻又還不是大人。他們對自己沒有信心，不知該如何看待自己，所以急著尋求同儕的肯定與支持；他們會為了耍酷，做出膽大包天、無厘頭，甚至犯法的傻事。

研究發現，若有同儕在車上，青少年闖黃燈的機率高四倍；他們的第一次喝酒、吸毒、做壞事都是跟同儕一起（大人正好相反，單獨一個人時才會犯罪）。因此這個時期，父母的關懷很重要，若在學校沒有朋友、被排斥或霸凌，會使孩子恐懼上學，晚上做惡夢，久而久之就變成焦慮症、憂鬱症了。

加州大學曾做過一個為期三年的研究：請六千名六年級的學生填寫問卷，題目包含「寫下你最好朋友的名字」、「你可以跟他無話不談嗎？」、「他來過你家嗎？」、「你曾被霸凌過嗎？」等等。結果發現好朋友的名字一直換，依參加社團的不同而頻頻改變，但一致認為朋友是他們生活的重心。

朋友這麼重要，卻有一二％（即七百二十個）孩子的名字從來不曾出現在任何人的名單中，其中，男生比女生多二倍，這些就是社會孤立的孩子。他們在六年級時若沒有朋友，便容易被霸凌，使他們在七年級時感到焦慮和不安，更使他們到八年級時發展出憂鬱症和焦慮症。

青春期頗像以前的三峽行船，過了，以後就一帆風順；沒過，翻船的、溺水的，比比皆是。只是大人把它歸因到升學壓力，以為進了高中就沒事，其實後遺症相當嚴重，情緒的創傷會跟著孩子一輩子。

朋友的孩子屬於上面一二%中的一個，很是可憐。我勸她換工作，把孩子帶在身邊，協助他交朋友，因為事業可以再起，人生不能重來。

大腦都記得

因為新冠病毒的關係，大家盡量在家上班。有朋友在家帶孩子兩個月後，受不了而抓狂；也有朋友發現在家帶孩子的幸福，決定辭職做全職媽媽。她們都在問一件事：童年的記憶有多深？凡走過真的會留下痕跡嗎？一個說，她發脾氣打了孩子；一個說，她買了很多童書和教具，唸書給他聽、陪他玩，他會記住嗎？

對於大腦，我們了解得不深，但是已知營養和經驗都會對它產生影響。

二〇〇三年，以色列的嬰兒突然得了無名病，六百多名嬰兒嘔吐、昏睡，甚至死亡。後來發現原來是廠商為了省錢，沒有在奶粉中添加維他命B1，因此這些嬰兒有十多天缺乏它，把它加回去後，這些嬰兒沒幾天就出院了。

沒想到，六年後，他們出現了嚴重的語言理解（Language Comprehension）問題，無法辨識誰對誰做了什麼。例如給他們看兩張圖片，一張是老人在替女孩梳頭，一張是女孩在替老人梳頭，請他們「指出祖母在替她梳頭的女孩」，他們無法做出正確選擇。

研究又發現，早期學到的東西會被後來學到的知識覆蓋掉，但是這些神經迴路並沒有不見，只是冬眠了而已。

襁褓期的生活經驗有多重要？這是一個有趣且重要的議題。

現在已經沒有人在爭辯先天論或後天論了，大腦是環境和基因互動的產物：基因像是蓋房子的藍圖，每個人大腦中梭狀迴的位置相差不到幾毫米；後天的經驗像是室內裝潢，每家不同。

最近有個實驗讓我們看到，新生兒不自覺的經驗會影響大腦功能分配，大腦真的是凡走過必留下痕跡。

法國的研究者掃描了二十名在五至九歲之間、被法國家庭收養的韓國孤兒。結果發現他們長大後，除了某些食物的味道，都不記得韓國時期的任何事情。他們對韓文句子的反應跟對不熟悉語言的反應一樣，大腦的組織如語言區、高級認知功能，也跟在法國出生的孩子相同，似乎是新的知識覆蓋了舊的知識。

但是更精細一點的研究卻發現，早期的經驗還是有保留在大腦深層，只是不容易偵察到而已。

還有一個實驗是掃描了九至十七歲的孩子，他們都是在一歲以前就被加拿大家庭收養的中國孩子。實驗者請他們分辨中文的四聲，結果發現他們的四聲在左腦處理，跟中國的孩子一樣；而加拿大同年齡的孩子則把四聲當物理音，在右腦處理。

這些孩子在離開中國時還不會說話，但是聽到中文的語音，他們左腦掌管語音的顳葉平面（Planum Temporal）就活化起來了，表示幼年期的經驗在大腦留下了痕跡。

大腦對環境，尤其跟生存有關的敏感度，這麼早期就開始了，令人驚訝，但也凸顯了幼兒教育的重要性。

一九七〇年代時，我曾給大學生看五百張歐洲的風景明信片，他們只要看就好，什麼都不必做，第二天請他們再來看一千張，但是要從中區辨出哪些是昨天看過的、哪些是新的。原本以為效果不會很好，畢竟這些明信片很多是教堂的風景，非常相似，想不到學生的正確率竟然高達七八％。

也就是說，即使只是隨便看看，大腦也會留下相當深的痕跡。因此，孩子每天接觸到的環境就很重要了。

幼年期營養不良跟後來犯罪的關係現已定論，營養及菸酒對大腦的傷害，影響了孩子的一生。父母的管教方式更會在大腦烙下深痕，教育學者福祿貝爾說：「教育之道無他，唯愛與榜樣而已。」要孩子成為什麼樣的人，父母就要先示範給他看。

說好話，不如把話說好

現在過年的氣氛愈來愈淡了，今年（二〇二〇年）更因為冠狀病毒的關係，街上行人變少了，學校也取消了團拜和春酒，年味就更淡了。但過年是我們中國傳統的文化，幾個要好的同事便相約在開學前來我家包餃子充當小春酒。

吃餃子時，一位同事嘆氣說：「現在老師真難為，要負責學生一生，即使畢業結婚生子了，學生不好，還是老師的錯。」大家聽了很好奇，怎麼會呢？這未免太離譜了。

原來，她的一個學生嫁給了她表姑的兒子，她的姑媽身體不好，對不吉利的話很忌諱，尤其是過年的時候。正巧過年那幾天，天天豔陽高照，把姑媽陽臺的花都晒枯萎了，這個學生看到了，就好心去拿水澆。老人家一看到，馬上阻止，說「現在太陽太大，澆水花會燙死，等太陽下山再澆」。

這個學生半信半疑，暫時停了手，想不到黃昏澆水後，第二天花葉果然又挺起來了。她很驚訝的對婆婆說：「這花好厲害呀！我以為它死定了，想不到它跟您一樣，都是撐著不死。」

老姑媽一聽就生氣了，打電話罵我同事說：「你們大學是怎麼教學生的？我活得好好的，怎麼說我是撐著不死？」

同事委屈的說：「我們課都教不完，哪能管到學生的口無遮攔？教說話不應該是父母的責任嗎？怎麼怪到老師頭上來了？」大家聽了都笑起來。

的確，現在學生古文讀得少，社會歷練又不夠，說話常不分輕重。有個同事便說：「說好話，不如把話說好。」

這句話說得太對了，很多人職場不順利就是因為他不會說話，明明一句好話，別人聽了卻火冒三丈，原來馬屁拍到馬腿上了。

那麼，怎樣才能讓學生把話說好呢？父母平日要把孩子帶在身邊，出去應酬時，隨時指點教導。當然也要看這孩子夠不夠機靈、會不會察顏觀色。一般情況下，說話要不得罪人，就得切記「不揭人之短，不誇己之長」、「己所不欲，勿施於人」。自己聽了會不舒服的話，就不要講給別人聽。

若社會經驗不足，又沒有人可以指點，就要多看小說。好的小說都是反映社會各階層的生活，看到書中人物如何禍從口出，自己就要警惕，話到嘴邊留半句。我以前不知道什麼叫拍馬屁，看了《紅樓夢》裡如何描述王善保家的和周瑞家的之後就知道了。

其實，會不會說話不是在於說些什麼話，而是有顆不使人難堪的善良心。曾有個護理師說，護士節時，她要去接受表揚，但交班遲了，典禮已經開始了。她匆忙趕到禮堂，進去看到門邊有個空位就趕緊坐下，這時有個學姊過來，拍拍她的肩膀說：「學妹，這個位子你現在還不能坐，是給資深護理師的，再過幾年你就可以坐了」。她非常感激這位學姊，指出了她的錯誤又沒有傷她的自尊心。

會說話真是太重要了，「良言一句三冬暖，惡語傷人六月寒」，與其說些言不及義的場面話，不如真心關懷人家，真心話永遠是最好的話。

了解人性，你才懂得說話

最近因為新冠病毒的關係，大家不敢出門，一些必要的日用品便以團購的方式宅配到社區，貨到時，大家再一起去總幹事家領取。那天去時，正好總幹事的孩子午睡醒來，找媽媽抱，而媽媽的手正忙著分貨，有一個鄰居太太便把他抱起來，逗他說：「來，叫阿姨！告訴阿姨，你喜歡爸爸還是喜歡媽媽？」

我聽了一楞，怎麼有人當著父母的面這樣問呢？這種問題無論孩子怎麼回答都不恰當，沒被選上的一方肯定會很尷尬。正想替孩子解圍，旁邊的人竟然拍手說：「說呀，說呀，你喜歡誰？」幸好孩子怕生，掙扎著下來跑掉了。不過，我注意到另一個鄰居臉色陰沉，怒目瞪著問話的太太。

後來那位鄰居告訴我，她小時候就吃過這個虧。那時她父親在外島駐防，很少回家，平日是母親在管教。那天她正好挨了打，心有餘怒，就傻傻的說喜歡爸爸。她母親從此不喜歡她，每次她跟母親要什麼，母親就說：「去找你爸呀，你不是最喜歡他嗎？」她說她不懂大人為什麼要挑撥孩子跟父母的感情，問這種三八的問題。

我聽了默然，現在人說話尺度的拿捏跟以前很不一樣，好像愈沒禮貌、愈唐突就愈得意，若是別人生氣了，不但不檢討自己的失禮，反而嘲笑別人沒肚量。

父母一定不要拿孩子跟別人比較，即使是兄弟姊妹也不要互比。比較會帶來嫉妒，嫉妒會引火燒身。比較是人的天性，動物也會，但是不攀比的人生會快樂很多（我有兩隻貓，每次餵貓時，我都是在一個大盆中拌好了貓食，再平分到兩隻貓的碗裡。但牠們一定是先吃兩口後，相互交換，以確定我沒有偏心）。

父母對待孩子一定要記得公平。孔子說：「不患寡而患不均，不患貧而患不安。」因為「均無貧，和無寡，安無傾」。但只要一偏心，兄弟鬩牆之事就會發生。

所以要維持一個家庭的和樂，公平是第一要事。

另外，一些人性之事也要注意。

《菜根譚》說：「恩宜自淡而濃，先濃後淡者，人忘其惠；威宜自嚴而寬，先寬後嚴者，人怨其酷。」管教孩子一定要先嚴後寬，不然會招怨。小時候把規矩教好了，長大後就不需要父母跟著嘮叨；若是小時候不管，長大後要管教時，孩子就會反叛。成語「朝三暮四」就是一個很好的例子：一旦早上拿四個、晚上拿三個成習慣後，改成早上拿三個、晚上拿四個，就會起鬨，其實還是一樣拿七個，但是人和動物都不會這樣想，所以一定要先淡後濃、先嚴後寬。

可嘆我們花了很多時間去學現在電腦不到一秒鐘就能查出來的知識，卻沒有多花時間去了解人性，才會有人說出前面那種不恰當的話來。

在疫情嚴重、電影院等人多的場所都不能去的時候，何妨利用這個機會，多教孩子一些待人接物的道理，使他以後不會說出惹人厭的話來。

「分享」是人類的天性？

二月三日我搭朋友的車去學校，路上經過好幾家藥局，每家藥局門口都大排長龍，朋友憂心的說：「臺灣的口罩本來是夠的，現在會不夠，是因為人心恐懼，怕買不到，要囤積的關係。囤積是個無底洞，再多的口罩也填不滿。二次戰後，小羅斯福總統會提出『免於匱乏的自由』，就是知道匱乏是深度的不安全感，會驅使人民做出不理性的行為來。

「嬰兒因為沒有匱乏的恐懼，所以會跟小狗分享食物。分享是演化設定在我們基因中，人類若不分享，不可能存活到今天。分享帶給我們快樂，《簡愛》的作者夏綠蒂．布朗特（Charlotte Brontë）就說：『快樂必須分享，不然它會失去味道。』施的確比受更有福。

「老百姓只要確定口罩隨時可以買得到，就不會去搶購。不幸的是，政府的話一再跳票，當人民不相信政府時，有口罩的人要囤積，沒口罩的人更要去買，就出現你現在看到的人潮了。

「加上這次的病毒是新的，我們不知它的底細，所以會恐懼。只要病毒被分離出來，感染途徑知道了，恐慌就會減少。其實健康的人一定比病人多，健康的人不戴口罩，口罩就一定夠。」

他的話很對，這個口罩之亂是恐懼製造出來的。幸好現在已經知道它的傳染方式是飛沫和接觸傳染，只要針對這兩項來防禦，疫情便可以控制。現在大樓都嚴禁電梯內交談，不說話就不會口沫橫飛；進出勤洗手，雙管齊下，病毒便沒有管道去感染別人。

歷史上，沒有一個世紀沒有重大災難，災難是大自然對人性的考驗——時窮節乃見，患難見真情。日本在援助武漢的物資上印有「山川異域，風月同天」，防護衣上印有「豈曰無衣，與子同裳」。這種同舟共濟、雪中送炭的話，在國際紛紛撤僑、到處歧視亞洲人時，特別令人感動。

人能戰勝瘟疫，主要還是靠著人性的偉大。我記得在讀瘟疫史時，讀到英國德比郡埃姆村（Derbyshire Eyam）的人以大愛阻止了鼠疫的蔓延。他們築石牆，把村人和鼠疫都封在裡面，他們的犧牲，成功阻止了鼠疫的蔓延，拯救了北英格蘭的無數人民。這種大愛的勇氣，是人類在面對毀滅性天災時，仍能綿延下去的原因。

這是人性的光輝，是我們對抗新冠病毒的武器，也是我們做為人類一份子的驕傲。

害怕一生乏善可陳？試著為他人付出

因為新冠病毒的關係，我們都不敢出門，一位朋友卻冒雨來訪，說已經焦慮到兩天不能睡，要找個念心理的談談。

我以為他是為這次疫情而焦慮，他說不是，有生必有死，他並不怕死，他怕的是像他母親一樣失智，拖累家人；另外，他焦慮自己會沒沒無聞的死去，無人懷念。

原來，前幾天，他替一個朋友寫追悼文，那位朋友是個奉公守法的好人，平淡的過了一輩子，因此沒什麼可寫。他便想到自己的一生也是乏善可陳。他記得我說過，一個人能夠名留千古，並不是因為他為自己做了什麼，而是他為別人所做的犧牲與奉獻；人只有在全心為別人謀福利時，才會感到真正的快樂。所以他來找我，想知道，自己七十歲了，現在還可以做些什麼，能夠讓子女將來為他感到驕傲？

是的，這正是我們嬰兒潮世代最大的焦慮：我們快走到人生的盡頭了，回首來時路，卻好像沒有留下什麼雪泥鴻爪；我們生在承平時代，沒有什麼機會大破大立，來達到三不朽；又因為社會變遷過快，人際關係冷漠，到處是自私自利的「Me世代」，過去守望相助、禍福與共的群體感覺不見了。我們爬上了《紐約時報》專欄作家布魯克斯（David Brooks）所講的第一座山——建立自我，成為上流社會的精英，卻沒有感受到勝利者的喜悅，心中好像還缺點什麼。

原來人生不是只有肉體的享樂，還要有精神上的慰藉，少了它，心便空虛，功成利就後，剩下的便是焦慮和躊躇。更可怕的是，已經要下山了，卻還在搜尋想要的不知名東西，但是此刻除了下山，還能做些什麼呢？

他的焦慮我了解，我很感謝父親早早便告訴我：五十歲以前，你要證明給人家看，你不是扶不起的阿斗；五十歲以後，你要回饋社會，因為只有無私的助人，你的人生才有價值。我是老師，資源有限，能做的便只有努力引進國外新知來嘉惠學生。二十年來，我努力翻譯了五十七本書，未來還會繼續做下去。

我告訴朋友：「不要怕失智，該來的，擔心焦慮還是會來，不如活在當下；平凡並沒有什麼不好，有道是：一生平凡事，平凡過一生；做好平凡事，一生不平凡。至於讓人懷念，你還有二十年可去努力，焦慮什麼呢？」

童年經驗對人有多大影響？

一位朋友打電話來約我喝咖啡，我婉拒了，咖啡館是密閉空間，最近疫情緊張，有事電話裡講就好了。但是她堅持要面談，說：「不然約在公園見面好了，公園空曠，風大，沒事的。」推不掉，只好答應。她又追加一句：「我穿黃毛衣，不要認錯人了！」

說得也是，疫情緊張的時刻，走在路上，每個人都戴著口罩，包得緊緊的，如何知道誰是誰？有人感嘆：以前是戴口罩去搶銀行，現在是拿錢去搶口罩，風水輪流轉，世事難料。

到了公園，她告訴我，她發現自己為什麼活得不快樂了，原來是潛意識的不安全感。她害怕孤獨，怕沒有朋友，所以委屈自己去討好別人。

她昨晚做了一個夢，夢到一群人在她家集合，要去某地玩。正要出發時，有人嚷著肚子餓，她便起身到房裡拿餅乾。突然，她覺得外面的喧譁聲消失了，靜悄悄的，趕出來一看，大家都走光了，只剩她一人。沒想到連那個嚷餓的人都沒有進來叫她一聲，而她是為他才進房去的啊！這種「我本將心向明月，奈何明月照溝渠」的感覺很傷人，於是就醒來了。

這個夢使她了解，人生不快樂的原因在於自己：她沒有主見、沒有個性，成為可有可無的存在，所以少了她也不會有人發現。

她一口氣講完，告訴我，找我出來是想知道，她已年過半百了，還有機會改變個性嗎？童年沒有安全感和被排斥的記憶，可以洗得掉嗎？

這兩個問題的答案都是可以。

個性可以改，因為大腦的神經迴路可以改變，迴路改變了，思想就改變了。只是舊迴路已經盤根錯節，根深蒂固，不容易改而已。但是只要有決心，「鐵杵磨成繡花針」，天下沒有做不到的事。

記憶也可以改變。有個實驗是在A房中電擊一隻老鼠，使牠對A房產生恐懼，會避開它；這時以雙光子顯微鏡找出電擊經驗活化了哪些神經元，結果在大腦掌管記憶的海馬迴中，找到A、B兩組的神經元，A組在老鼠進入A房時活化，B組沒有活化，因為B房沒有發生任何事。然後再把老鼠放進A房電擊牠，但是同時以人工的方式刺激B組神經元，使老鼠對B房產生恐懼；接著把一隻母鼠放入B房，讓牠們交配，再重新電擊B組神經元。現在老鼠不恐懼B房了，舊的電擊記憶被洗掉了，牠忙著在B房搜尋母鼠了。

我們也可以運用實驗方法將不好的記憶改為好的記憶：實驗者趁老鼠睡覺時，注射多巴胺這個快樂的神經傳導物質到一組跟白天去過的地方有關的神經元中，第二天老鼠醒來後，會迫不及待的跑向那個地方，使本來沒有什麼特別的地方，突然變得很有吸引力了。

人跟老鼠很不一樣，但是目前已經有一些藥物可以幫助退伍軍人減少創傷記憶對他們的折磨。

朋友聽了很高興，但是我告訴她，求人不如求己，既然大腦可以改變，何不從改變觀念做起，使自己變得快樂呢？沒有人一生是十全十美的，自己的幸福操控在自己手中。能夠改變觀念，自然就能變得快樂。

找回同舟共濟的精神

二〇二〇年春天，疫情最嚴峻的時刻，因為有學生確診，好幾所大學關閉，只能遠距教學。老師們只好犧牲春假，到學校練習網路直播。因此當一堆年輕人在春假期間湧向墾丁逛大街時，我們幾位老師看了實在傻眼。

有個老師說：「這不是讓社交隔離完全破功了嗎？學校為了保護他們不被傳染而停課，他們竟然自己跑去人多的地方，摩肩接踵，接觸病毒。」

另一個老師說：「年輕人都以為自己身體好、免疫力強，其實病毒哪管你幾歲呢？一個負壓隔離加護病房的成本是兩百五十萬呢！」

第三個老師說：「不是只有年輕人僥倖，也有七十歲的老人不肯戴口罩就要上公車，還對司機嗆聲。」

他轉頭問我：「為什麼差別那麼大，有人緊張焦慮到睡不著覺，也有人認為沒那麼嚴重，到處趴趴走？」

一樣米養百種人，有人不怕死，也有人擔心得要死。美國卡內基美隆大學（Carnegie Mellon University）做了一個學生對新冠病毒看法的調查，結果發現共和黨的比民主黨的較不在乎病毒，那些把票投給川普的人更覺得疫情不嚴重，因為總統都沒戴口罩，他們更不必戴，頂多洗洗手。防治瘟疫竟然也受政治的影響，難怪會有「死忠」這個名詞出現。

預防新冠病毒必須社交隔離，學者擔心疫情會引爆憂鬱症，因為人是群居的動物，必須跟他人接觸，心智和感情才會平衡。人在隔離時，尤其需要他人的關懷。好在身體不接觸不代表心靈不能接觸，也就是說，「social distancing」很好，但是「distance social」更好（「social distance」和「social distancing」不同，前者指的是社會中，階級、種族、性別等團體的距離；後者指的是身體的距離，世界衛生組織建議使用「physical distance」一詞，以免像川普一樣引起種族歧視）。大家雖然必須保持社交距離（social distancing），不能面對面交談，但是可以透過電話、視訊做遠距（distance）的社交（social），彼此關懷，共度難關。

在病毒猖狂的時候，社會支持非常重要，因為心靈的絕望比肉體的傷害更嚴重。其實，同舟共濟一直是人類生存之道。我們看到德國人把水和食物留在公路旁給需要的人；有人自製口罩分送給沒有的人，這個互助的力量不但溫暖了人心，甚至可以克服身體的疾病。

美國費城附近有三座小城，他們共用同一家醫院，因此醫生、護士、所有醫療設備都相同，但是其中一座小城的心血管疾病明顯比其他兩座城來得低。研究後發現，這城的居民大部分是義大利南部的移民，他們牽親引戚，一同移民來美國，住在附近，好有個照應，因此形成一個緊密的社會支持系統。那時沒有健保和社會福利，但是守望相助反而比公家系統更為有效。例如：街上有流氓在打架，不久樓上的窗戶打開了，頭伸出來了，肉店的老闆走出來了，賣水果的小販也過來了，麵包店的老闆娘站到門口了，人一多，流氓就走開了。我們現在很需要這種「人溺己溺」、「你的事就是我的事」的互助精神來排除孤獨、打敗病毒。

「疾風知勁草，患難見真情」，災難來臨的時刻最能看出一個國家的教育程度和人民的道德水準，我們應該利用這樣的機會好好教育我們的孩子，並像芬蘭一樣，平時就儲備好必要的民生物資（她是歐洲唯一不缺口罩的國家），永遠準備好面對不測的未來。

幸福人生需要

立定志業

一個善念，一線生機

一個學校的工友跟我一起做了二十年志工。今年她七十歲，大家決定替她慶生。席間，有人問她為什麼這麼有恆心、做這麼久的志工？她很謙虛，沒有回答。但我知道原因。

那天，我們一起走路去學校，經過一個垃圾堆（當時還未推行垃圾不落地），看到一盆被主人拋棄的蘭花，莖葉都枯黃了，只剩根部尚有一點綠意。她彎腰把它撿了起來，對我說，蘭花很貴，她從來也買不起，這株似乎還沒枯死，可以撿回去救救看。

她把那盆蘭花放在茶水間的窗臺上，每天替它澆水。沒想到幾個星期後，她驚喜的把它端到我辦公室來，給我看新長出的嫩芽。

那天她很感慨的說，一個善念使一株珍貴的蘭花重獲生機。天下不知有多少人像她一樣，小學第一名畢業，但是家裡窮，無法升學，一輩子就在社會的底層以勞力換飯吃，辜負了上天給她的聰明才智。假如當時有人拉她一把，她今天會不一樣。她告訴我，她願意捐錢給繳不出學費的孩子讀書。

她的退休金不多，但她每個月準時匯款到學校，從未晚過一天。二十年來，她幫助了無數的孩子，但是她從來沒有跟任何人講過這件事。

三國時，劉備曾告誡劉禪：「勿以惡小而為之，勿以善小而不為。」《菜根譚》裡也有這樣的句子：「行善之人，如春園之草，不見其長，但日有所增；作惡之人，如磨刀之石，不見其減，但日有所損。」

臺灣最可貴的就是到處有像她這樣善心之人，讓許多本來會枯萎的蘭花得到重生的機會，完成上天給它生命的意義。

快樂童年，正向人生

一九七七年，西雅圖華盛頓大學的研究者對一個出生四十一分鐘的嬰兒吐舌頭、做鬼臉時，這個嬰兒就會模仿了，表示嬰兒一出生，他的社交大腦就啟動了，但是當時還不知道這個模仿的神經機制。

一九九二年，義大利的研究者在猴子大腦中找到了一種神經元是專司模仿的，被取名為「鏡像神經元」，因為它像鏡子一樣，忠實反映出接受到的刺激。

剛出生的寶寶在看到人臉時，他的鏡像神經元就活化起來，因為對人臉表情的解讀能力在社交上很重要。當父母親把寶寶抱起來時，他們會搜尋父母的臉，尤其是眼睛，嬰兒從眼神中，揣摩大人的情緒。當父母吵架或心情不好時，寶寶會馬上感覺到，身體扭動不安、哭泣。

我們對臉的辨識在右腦的梭狀迴，顳葉上溝（Superior Temporal Sulcus）主控社交功能，自閉症的孩子看臉時是左腦下顳葉迴活化，跟我們不一樣，他們對臉不太反應，尤其避開跟別人眼睛接觸。

社交行為源自模仿，父母是最初的老師，家庭是最早的學習場所，父母社交能力好，孩子有樣學樣，也會討人喜歡。

模仿是最原始的學習方式，是一種潛意識的行為，通常不需要用到大腦資源（我們常在看到別人嘴角有食物殘渣時，會不由自主去摸一下自己的嘴角）。孩子的社會智慧（Social Intelligence）和情緒智慧（Emotional Intelligence）是透過看、聽和模仿父母親得來的。

這就是為什麼如果母親有產後憂鬱症，她的孩子在兩個月之內要抱去給別人帶，因為照顧孩子的人若是臉上毫無表情，就不能對孩子做適當的情緒回饋。而大腦需要外界刺激來調整內在模式，以正確解讀外界的訊息，寶寶的鏡像神經元沒有模仿的對象，情緒發展會很受干擾。

實驗也發現，當母親有產後憂鬱症，雖然寶寶才十二個月大，大腦處理情緒的迴路就已經跟別人不一樣了。

語言的習得也是透過模仿，孩子要聽到大人說話的聲音，才會學到這個語言的音素。音素是語言的最小發音單位，每種語言用到的音素不同，日語就不區分/r/和/l/，英文中也沒有法文的喉音。孩子必須先聽到父母說話的聲音，再聽到他自己發出的聲音，兩相對照，才知道怎麼去調整他的發音器官，才能發出正確的語音。所以父母要盡量跟孩子說話，說話時的聲調要高、咬字要清楚、語氣要溫柔、速度要慢，孩子才有機會去正確模仿。

孩子的語言能力會影響他的社交能力，因為最好的玩具是同年齡的玩伴，語言表達力不好，會沒有人願意跟他玩。在美國，許多社區的父母會在孩子午睡醒來後，把孩子帶到社區的公園玩，讓他交朋友，培養他的社交能力和創造力。

創造力來自思考的彈性，遊戲時，一根棍子可以是孫悟空的金箍棒，也可以是騎馬打戰的馬，依想像力，海闊天空，什麼都可以是，這會形成神經元之間的大量連接，把原來不相干的神經迴路連在一起，產生新的點子，造就了創造力。

會玩的孩子不但EQ高，IQ也高，和同一個玩伴玩同一種遊戲，反應沒有一次相同，而機器人的反應則是永遠相同。研究發現，孩子的社會化（Socialization）不是跟父母完成，而是跟同儕完成的，所以孩子一定要跟人玩，才能學習與人相處，學會合作、互助、分享等重要的人際關係技巧。

最重要的是，快樂的童年是正向人生觀的基礎，所以盡量跟孩子說話，抽空帶孩子去和別的孩子一起玩，他快樂，你也快樂。

新知多一點，悲劇少一點

出差在旅館吃早飯時，發現同行的教授把荷包蛋的蛋黃丟棄不吃，他說他膽固醇高，一週只能吃一顆雞蛋。我聽了很驚訝，這是舊觀念，現在蛋黃可以吃了，因為它是好的膽固醇。雞蛋是一個生命的起始點，是又便宜又好的營養品，怎麼不能吃？

現在新知大量湧出，很多舊觀念都被改正了。若自己不進修，會趕不上時代，做老師的會誤人子弟（大陸某學生說：干擾我學習的是課堂老師的授課），做法官和醫生的更是人命關天。

有個年輕人因車禍眼盲，得到保險公司的理賠，卻被肇禍人檢舉說他可以接飛盤，是詐保，結果被判一年多的徒刑，他開記者會喊冤。

他真的是冤枉的，因為這個現象叫盲視（Blindsight），我自己就做過這種病人。盲視者的視覺皮質在受傷後看不見東西，但是丟一顆蘋果給他，他可以接得住，你問他：你看不見，怎麼接得住？他說不知道，堅持自己看不見。但是再丟一個東西給他，他又接住了。

原來，視神經有許多小路通往視覺皮質，回饋到意識界的主迴路斷了，所以在意識中，他們的確是看不見，但是大腦中，處理靜態和動態的迴路不同，愈是快速運動的東西，潛意識保護自己的大腦本能愈會快速做反應。我曾快閃一個字給失讀症的孩子看，他馬上正確「猜」出，但是那個字放在桌上時，他是不會念的。

我們要看得見東西，眼睛和視覺皮質都得正常才行，缺一不可。但是大腦有可塑性，所謂「生命自己會找出路」，神經迴路會因應環境而改變，盲人讀點字時，沒用到的視覺皮質會活化起來幫手指讀，盲人在他熟悉的環境中，可以行動自如，但是不能更動擺設，不然他得重新學習。他們也可以使用提款機，只要他未盲時，大腦中有儲存這個機器的影像，就能正確的摸到插卡的地方，也可以聆聽機器數鈔票的聲音，大約知道跟他領的數字是不是差不多。

天下沒有不變的東西，連石頭都會變（風化），知識當然更是日新月異的在變。看到無辜的人被抓去坐牢，真是很難過，冤枉坐牢會改變一個人的性格和人生，李敖就是一個例子。人生的禍福難預料，但是新知多一點，人間的悲劇就少一點。

寧可看不見，要聽得見

朋友讀國三的兒子最近被診斷出重聽，她嚇壞了，才十五歲，以後要怎麼辦？我也很驚訝，因為她家並沒有唱卡拉ＯＫ的習慣（卡拉ＯＫ包廂中的音量是震耳欲聾的），家中也沒有老人會把電視聲音開得很大，孩子也從來沒得過中耳炎，一個一切正常的孩子怎麼會突然重聽？

細問之下才知道，他從國一起，除了上課，耳機不離身，連睡覺都戴著。說是因為功課壓力太大，需要靠音樂來放鬆才能入眠。最近因疫情的關係，在家時間變多，因此打電玩的時間也增多，他怕父母知道，是戴著耳機偷打的。

聽了我就明白他聽力為什麼下降了，因為傷害聽力的除了音量，還有時間的長短。一個朋友在教有氧運動，今年才四十六歲，因為長期暴露在強大音量之下，耳朵已經重聽，她以前是俐落的短髮，現在用及肩的長髮來蓋住助聽器。

美國給孩子用的耳機是設定在八十五分貝，其實這個標準並沒有實驗的證據，它是美國職業噪音傷害的標準而已。每個人耳朵的敏感度不一樣，有些人很不能忍受噪音。臨床上，八十九分貝以上聽不見就是重聽。

密西根大學環境健康科學系的教授——也是WHO的顧問——尼采（R. Neitzel）表示，若要長期戴耳機，音量不要超過七十分貝；如果一天要戴八小時，上限是八十三分貝。噪音的傷害也會累積，有時即使音量只有七十五分貝，戴很久仍然有傷害。

曾有人問海倫凱勒：「聾跟瞎都不好，如果一定要你選，你會選聾還是瞎？」海倫凱勒毫不考慮的說：「我寧可看不見，我要聽得見。」聽力是我們在胚胎七個月就成熟，並且最後離開身體的感官知覺，一定要好好愛護它。

有爸爸真好！

我每天早晨出去運動，都會碰見鄰居開車送她女兒去上學。其實她讀的社區國中很近，搭公車只有兩站，開車反而因單行道，要繞一大圈，但這是別人的私事，我不會問。

有一天，正好他送完孩子回來，我們共乘電梯，我不禁羨慕的說：「有爸爸真好！」

他苦笑說：「孩子小時候，我在大陸工作，錯過了她的童年，這次疫情我回來久一點，才發現她跟我一點也不親，我不願重蹈我父親的覆轍，所以堅持送她上學，在車上跟她講點話。我父親是跑船的，我在外婆家長大，一生最大的遺憾就是：有父親，卻不知道他是個怎麼樣的人。」

還來不及跟他說我朋友的經驗，我的樓層便到了。出來後，心想，他是對的，孩子大得很快，再過幾年，想要補救也來不及了。

我的朋友是每天五點起床，從臺北開車送孩子到桃園上學，再回到臺北來上班，自他不辭辛苦的利用這通勤的一個小時父子談心之後，孩子叛逆的行為好了很多。

其實孩子要的是父母的關心，不是物質的享受。

我們小時候，父母都忙於生計，很少跟我們說話，但是那種知道「爸爸在」的安全感卻是一生最甜美的回憶。我父親過世後，有一次閒聊時，妹妹說她最懷念的是爸爸騎腳踏車載她去上學的時候。

在小學三年級之前，爸爸會載我們上學，三年級以後，便要自己走路去上學。我最懷念的也是那個時候，尤其是下雨天，爸爸大大的雨衣先遮住坐在後面的我，有爸爸真好！

再包住坐在前面的妹妹，風雨再大都不怕，因為有父親在的感覺，是人生最美好的感覺之一。

親子天倫之樂是人生最幸福的事，要抓緊時間把握它。

人生但求安心

最近因為選舉，讓我對臺灣的民主制度及人性很失望，情緒低落，打不起精神來做事。我母親的朋友王媽媽看到了，跟我講了一番話，讓我豁然開朗，重新振奮起來。

王媽媽經歷過人生三大苦：幼年喪父（抗日），中年喪夫（八二三砲戰），晚年喪子（黑貓中隊殉國），但是在她臉上找不到一絲愁苦的痕跡。她今年九十歲，但腰挺得跟年輕人一樣直。她買不起保養品，但是把臉洗得乾乾淨淨，塗上一點凡士林油，即使在冬天，皮膚也沒有裂。她的撫恤金不足以讓她跟朋友聚餐，所以沒什麼朋友。九十歲的人，即使想去做志工，人家也不要，多半是一個人在家。

那麼，她是怎樣獨居五十年而能一直維持正向的心情呢？

她說，她閱讀振奮人心的好文章，並把它剪下來，寂寞沮喪時拿出來讀，給自己鼓勵。例如：奈及利亞有個清潔工，在航空公司打拚二十四年後，成為飛機的機長；寒冷的冬夜，一個公車司機打開公車門，讓兩隻凍傷的流浪狗進來避寒；臺灣有人奉獻一生去種樹；大陸也有人跟沙漠爭地，幾十年不下山進城……這些事蹟讓她覺得人間到處有溫暖。

人都嚮往有意義和善意的生活，這就給了她生命的力量。

人生沒有十全十美，每個人心中都有個洞，人要靠自己去把這個洞填滿，不是靠別人。

《金剛經》說：「應無所住而生其心。」人只要無所執，萬事皆釋然。

最後她說：「境由心轉，心能轉境，不隨境轉，心情是控制在自己手上，人生的成敗都是自己造成的。」

我聽懂了，安住了這顆心，無求，心情自然平靜，生活就快樂了。

只要有效，就是好方法

兩個研究生很興奮的拿著一張報紙到我辦公室來：「老師你看，這算不算多重人格的『解離性身分疾患』（Dissociative Identity Disorder, DID）？」

原來，張系國教授在《聯合報》發表了他的大作〈俯首甘為本尊牛〉，說他成功把自己分為兩個人，一個是本尊，另一個是分身。本尊就是他，分身則是本尊的僕人，主要責任是伺候本尊，必須謙虛不抱怨，甘願為本尊做馬牛。

本尊不時會安排分身去打掃房子、煮飯、做家事，他們不但彼此熟悉，還相互討論工作的分配，所以他常常自言自語，嚇壞旁邊的外國人。的確，文章中的描述很像多重人格的症狀。

她們在大學上心理學課時，看過《三面夏娃》這部人格分裂的電影，對精神病很好奇，尤其知道真正的結局跟電影不一樣，夏娃最後是死在精神病院。

我們也曾在課堂中講到，同一個人，在不同人格出現時，大腦活化的地方不一樣，表示這些人格對患者來說都是真的，假戲扮久了會成真，最後真假不分。

這個奇特的大腦現象的確很迷人，所以她們合買了一杯星巴克咖啡做伴手禮來找我討論，她們知道自從政府大砍老師的退休金後，我已戒掉喝咖啡的習慣了。

張教授當然不是解離性身分疾患者，但是他這個驅使自己做家事的方式倒是很新奇。大部分的學者會覺得做家事是浪費時間，思緒和精力應該用在看論文和做研究上。曾有女同事送我一條擦碗布，上面寫著「A clean house is a sign of a wasted life」（乾淨的屋子是浪費生命的象徵）。我們都很羨慕達爾文不必下廚就有飯吃、吃過飯不必洗碗就可以去散步，思考他的進化論。

張教授的這個方法有點像魯迅筆下的「阿Q」：阿Q被人打了，自己安慰自己「老子被兒子打了」。這樣一想，在做家事時，便不會那麼不甘願。不然，有時一邊改考卷一邊煮飯，心情真會鬱卒到要得憂鬱症。

講到憂鬱症，現在最不怕ＡＩ機器人來搶的工作便是心理師，現代人特別需要別人來聆聽他的挫折和煩惱。

《天下雜誌》二〇二〇年一月號的封面便是臺灣社會的「十好十壞」，其中一項是癌症少了，憂鬱症卻上升。服用抗憂鬱症藥物的人在二〇一三年突破一百萬，到現在已有一百二十七萬人，而五十一歲以上進入空巢期的人數最多。生活型態的轉變、人際關係的疏離，加上政府粗暴的年金改革，使老年人的憂鬱節節上升。

憂鬱症是個很可怕的病，大提琴家尤虹文曾在《因為身體記得：告別憂鬱症的療癒之路》中，敘述她自己在事業顛峰時，突然得了憂鬱症，躺在床上只想死，無法上飛機去以色列演奏。她靠著運動、禪坐、站樁，最後走了出來。為了幫助和自己一樣的人，她勇敢站出來寫了這本書，因為精神疾病一直被汙名化，現在雖然改名為身心科，偏見仍然存在，很多人迫切需要看精神科卻不敢到醫院去掛號，那個恐懼跟現在怕反滲透法不相上下。

其實，人生不過就是發現問題、了解問題、解決問題。解決的方法各顯神通，只要有效，旁人無需置喙。

自助之後，就成為天助了

最近有位在工學院教書的朋友向我抱怨學生學習的態度不佳，問有什麼方法可以改善？

他說他新購了一臺儀器，非常興奮的要學生跟他一起組裝，因為這是學習的一種，想不到學生連試都不試，便兩手一攤說機器太複雜了不會裝，令他很沮喪。他認為人應該先把各種方式試過了，都不行時，才去求外援，而不是一看到有點複雜就先放棄。他感嘆現在什麼事情都太方便了，打通電話，救援就到，孩子缺乏磨練自己的機會。他談起早年在美國留學時，什麼都得自己做，沒有人可以依賴。

的確，人在沒有人可以依賴時，很多能力就發展出來了，很多問題也就自己解決了。

比如說，在美國沒有中文書報可看，唯一的中文書報就是《中央日報》海外版，是大家的心靈糧食，看完還捨不得丟掉。一天半夜，有位女同學打電話來哭訴很寂寞、很想家、很想看中文的書報，這是留學生的苦悶，我能理解，但是在國外，哪有中文書報可看呢？我在安慰她時，靈機一動，想起我父親有剪貼好文章的習慣，就翻出舊報紙，花了兩個小時，剪貼成薄薄一本「散文集」給她送過去，安慰了異鄉的學子。

從此我開始剪貼文章，到現在已經不知幾大本了，偶爾翻出來看一下，還是很悅讀。所以碰到問題，自己先想有沒有辦法解決，確定不行後，再求外援。

我常常發現，自助後，就會有人來幫助你，幫助的人多了，路就打通了，就成為天助了。我父親常掛在嘴裡的那句「反求諸己」，想來是有道理的。

一句話，影響孩子一生

快遞送來一個包裹，寄件人我不認得，本想不收，但快遞已經走了，只好拆開來看。原來是一個手工蛋糕，裡面還有一封信，是一個很早以前教過的學生寄來的。

信上寫著：

老師，我知道您一定不記得我了，但是我一直沒有忘記您。今天我兒子考上大學，我做這個蛋糕來感謝您二十六年前對我的教誨。

您告訴我，嫉妒像一把火，會毀掉一個人。

您告訴我，如果不容易消除缺點，就用優點來平衡它，叫我要用自己的優點來取代缺點。

您告訴我，會嫉妒別人是因為自己覺得不如人，羡慕別人比自己好，那麼打敗嫉妒唯一的方法就是使自己變得跟別人一樣好，甚至更好。當嫉妒心起來時，以行動克服嫉妒，把自己變得比別人更優秀。

老師，我聽進去了，從此加倍努力，凡是她會的，我一定也會；她有人緣，我比她更熱心系務，更替大家服務。我就是在救國團裡認識我先生的，現在我們有三個孩子，最小的也上國中了。

老師，您知道我嫉妒的是誰，對嗎？但是您不知道我跟她來自同一個家族，我從幼稚園到大學，都跟她同班，但是老師和同學都偏心她，忽略我。嫉妒的火真的差一點把我燒死，我整天想著如何破壞她。

幸好遇見了您，我才學會改變心態。

感恩您的教誨，無以報答，我做了這個蛋糕給您，希望您會喜歡。祝您長命百歲，繼續春風化雨。

署名是「被您抓到寫黑函的人」。

看完信，我好驚訝，也很感動。我真的已經完全忘記這回事了，想不到當年一句話竟然影響了學生的一生。

教書是一項最有意義的志業，幸好我選擇了它。

典範可幫助孩子找到人生目標

一位輔導室主任來信，請我開一些可以做國中生典範的書給她的學生看。她覺得現在的學生很迷惘，不太知道自己的人生要做什麼，也不知道生命的意義在哪裡，加上濃濃的好奇心，人家慫恿他們去試些神祕的禁物，他們很容易就上鉤。她說其中不乏家境優渥、不愁吃不愁穿的孩子。

這使我想起最近在美國看到的一個例子。父親是醫生，母親是社交名媛，孩子在青春期時，因為父母都忙，很無聊而染上了毒品。後來家人千辛萬苦幫她戒了毒，加上她自己也覺醒，最後拿到了博士學位。

所以這個主任的擔憂是有道理的，我們要早早讓孩子心中有典範，指引他們人生的路。

但是每個孩子的興趣不一樣，有些名人的傳記並不能引起孩子的興趣，尤其現在孩子不耐煩閱讀大部頭的書，名人傳記可能不是最好的方法。所以我建議老師先找出孩子的興趣，上網去查這個領域最有名的人是誰，再讓他們去讀自己偶像的傳記，這樣才能打動他們的心。

孔子說「三人行必有我師」，一個人若能自己出頭天，他必有超人之處可供孩子學習。其實對喜歡烹飪的孩子來說，江振誠的《初心》就是一本很好的書，他的成功絕對不是偶然。

現在社會上各行各業有很多白手起家、赤手空拳打出一個天下的典範，幾乎每一期的《天下雜誌》、《遠見雜誌》都有這些人的專訪。父母老師平日在閱讀報章雜誌時，不妨留心一下，把適合做為孩子典範的文章留下來傳給他們看，鼓勵他們：「舜何人也？予何人也？有為者亦若是。」幫助他們找到人生的目標。

善的循環為孩子帶來好的人生

暑假接到一個澎湖寄來的冷凍包裹，從裡面的信得知是一位已經退休的國中老師寄來的。

原來多年前，她班上有個很棘手的學生，才國二，但是打架、偷竊、罵人、吐口水、破壞公物什麼壞事都犯過。這個孩子長年遭受家暴，父親酗酒打人，母親懦弱不敢出聲，所以他心中充滿了恨，混身長滿了刺，令人無法靠近。只要人家喜歡的，他一定要破壞。如果有人說這朵花好漂亮，他就會走過去，將花一把扯下踩碎，心態極不正常。

這位老師跟我說，雖然再教一年，他畢業後，就不是她的問題了。但是她覺得如果現在不救他，以後會是社會的一個未爆彈（這位老師是對的，後來臺灣果然發生有人在捷運上隨機殺人以及精神失常者在街上、校園裡砍殺小學生的事件），所以來找我，看看有什麼方法可以挽救這個孩子。

這個學生的情況使我想起曾經看過的一本書，這本書得過美國圖書館協會的最佳青少年讀物，叫做《遇見靈熊》（*Touching Spirit Bear*），書中孩子的故事跟這個學生很像，我想說不定書裡的方法對這位老師會有用，便推薦這本書給老師，告訴她，要去除孩子心中的恨，必須先找出他恨的來源。

其實很多孩子的恨，來自大人長期對他的冷漠忽略與歧視不公，通常這些愛打人的孩子是自卑又自大，靠拳頭來證明自己的價值。

我當時好像是建議她暑假裡把孩子找來學校打工，讓他整理圖書館，幫忙輔導室或體育室的雜務，先讓他感到有人是關心他的，並不是全世界都不在乎他，再從工作中找到他的自信和自尊。

這老師真的一整個暑假都把這孩子帶在身邊，自己家有什麼活動也硬拉他參加。因知道這孩子體能好，便鼓勵他日後靠體育來升學。

後來我換到中央大學去教書，不在臺北，我們便沒有聯絡了。

在信的最後，她告訴我，她退休回到澎湖老家，昨天在馬公市場碰到了這個學生，他們倆人合買了這條魚寄來給我。

我看了信，非常感動，她在信中並沒有講到這孩子現在在做什麼，但是做什麼不重要，管理學大師韓第不是說「你是誰，比你做什麼更重要」嗎？只要知道這孩子平安長大，沒有因為當年的恨而耽誤他的人生就好了。

很多人不愛看書，其實一本好書真的很重要。人不可能經驗所有的事，但可以透過閱讀，了解別人的感覺、處理事情的方法，也可警惕自己不要重蹈覆轍。

《遇見靈熊》書中男孩的恨，來自父親對他的家暴，以及母親的不關心，而他父親打他是因為他祖父打他父親，這個惡的循環真的很可怕！長期的憤怒變成了暴力，如果這個憤怒沒有消除，暴力不會消失。我憂心的是，如何讓天下的父母知道，不可以動手去打你的孩子呢？這會禍延三代的呀！

其實孩子要的不多，愛與關心而已。我們要告訴孩子，人不能選擇他的父母和家庭環境，也不能改變父母對他的態度，但是他可以改變自己對生命的看法。想通了這一點，心中的憤怒便可以放下了。

別為天空的彩虹，忽略路旁的玫瑰

一個學生很困惑的問我：「老師，您要我們珍惜現在，活在當下，卻又要我們未雨綢繆，做未來的計畫，這不是相抵觸嗎？」

並沒有，生命無時無刻不向前流動，人無遠慮必有近憂，但流動的每一剎都要珍惜。

我讀大學時，老師給我們讀著名詩人哈斯汀（Robert Hastings）的〈車站〉（The Station），大意是說，一個人在火車上，一心一意只想快快的到達終點，對旅途的一切都不在意。心中想的是：等我升到總經理後，等我拿到博士學位以後，等我存夠了錢以後，當他終於覺悟到根本沒有終點時，已經走完了全程，後悔莫及了。

其實旅途跟終點一樣重要，因為生命真正的快樂是在過程，而不是在結果。終點只是一個夢想，一個永遠有一臂之遙的終點。

老師說：「你們將來不要為夢想而犧牲現在，不要為天空的彩虹而忽略路旁的玫瑰。」

這句話，我一直到去醫院探視安寧病房的病人才了解。所有在那裡的病人，沒有一個人後悔少賺一些錢或少寫一篇論文，都是後悔少跟家人在一起、錯過了家庭的歡樂。

要在年輕時領略到這一點，需要智慧。

我剛去美國時，住在一位老太太家裡，她有一套很漂亮的十二人份磁器，但是只在感恩節和聖誕節時拿出來用。我問她，為什麼請客時也不拿出來用呢？她說這是她祖母留下來的，她以後要傳給她的女兒，平常就只用最普通的盤子吃飯，被洗碗機洗壞了也不心痛。

但是我指導教授的太太，態度完全不一樣。只要全家在一起吃飯或燒了好菜，她必然把母親傳給她的磁器拿出來用。她說吃飯的氣氛很重要，菜色要搭配食具才會相得益彰。的確，牡丹也要綠葉襯，每次去教授家吃飯都是一大享受。

我也問過她為何不怕盤子碰破，她說器具用了必然會有缺損，人不能為了害怕缺損就不用它，船停在港灣裡是安全的，但那不是造船的目的，盤子放在碗櫥裡也是最安全的，但那不是買盤子的目的。

這位教授夫人是有智慧的，她懂得把握現在、活在當下。其實前面那位老太太的女兒並沒有繼承她母親的磁器，她嫁到德國去時，這套磁器便宜的賣給了別人。

人不能預測將來，唯一可控制的就是現在。

生涯真的可以規劃嗎？

有一年暑假，臺北一所高中請我去對學生講「生涯規劃」。看到這個題目，我很猶豫，踟躕再三不敢去，因為活到我現在這個年齡，我知道生涯不可以規劃，而是要在機會來時，馬上抓住它。西諺云：「當你等待適當機會的時候，一個黃金機會可能就從你身邊溜掉了」。

人對未知的事物不了解，所以會恐懼未來。很多人怕黑，因為在黑暗中，我們看不見未來。因此誤以為，計劃得愈詳盡，規劃得愈好，前途就愈有保障。殊不知，人算不如天算，規劃只是個大方向，不可拘泥執著於既定。

常有學生拿著書中的句子來問我：「老師，這句話怎麼解釋？」我都很無奈，一句話的解釋要看前後文的意思，才會正確。一個規劃也要看大環境的走向，環境改變就要隨機應變，不是非這樣做不可。

一九八四年，我在臺大心理系客座，班上有個學生很聰明卻不肯念書，考試作弊被我抓到。我找他來懇談，他告訴我，他的生涯規劃是當醫生，但是聯考三次都落到心理系，不得已只好來念，因為再不念，就要去當兵了。他自認這不是他要的，不肯好好學，只想靠作弊過關，混個文憑。我跟他說，人生道路千百種，端看你要當醫生的目的是什麼，若是想懸壺濟世，幫助病人，臨床心理師也是一種。不幸的是，他聽不進去，認為沒有讀醫，這一生就完了。

另一位朋友一心想做法律人，但家中經濟不允許她就讀私立學校，不巧，聯考偏偏考上私立大學法律系。她便白天在律師事務所打工，晚上念夜間部，畢業後，申請到美國法學院獎學金，現在是華人區著名的律師了。她走的路比較曲折，但人生很長，雖然晚了三、五年畢業，現在看起來，一點差別也沒有。

人生要把握當下，不放棄任何上門的機會。騎驢找馬是古人給我們的智慧，其實這道理人人懂，只是懶惰和懦弱阻礙了我們對機會的捕捉。講回來，還是對未知或新環境的恐懼使我們不敢去嘗試，如何使學生敢於嘗試新的、不熟悉的東西，才是生涯規劃的重點。

很久以前有部電影《擒凶記》，女主角桃樂絲．黛（Doris Day）唱了一首很有名的歌〈Que Sera Sera〉（whatever will be, will be），人生不可預知，只能用智慧的態度去走完它。

如果政府無條件養你，你還會去上班嗎？

三個學生連袂來找我。

「老師，您不是說，人是好逸惡勞的嗎？演化使動物節省體力，以在下一波的獵食中生存下來，為什麼這篇報告說在政府保障收入後，還有人願意繼續工作？」

原來這是一個「無條件基本收入」的社會實驗，德國、芬蘭等國家想發給每個十八歲至六十四歲的公民基本生活費，讓他們可以放手去嘗試新事物，找到自己存在的價值，減少貧富差距所帶來的不公平感。

但是當被問：「假如政府無條件保障你基本生活的費用，你還會去工作嗎？」

有六〇%的人說「會」，三〇%的人說「會改上半天班或去創業、做志工」，一〇%的人說「會回學校去進修，去看世界充實自己，好好照顧家人」。

這個答案出乎很多人的意料之外，尤其這幾個學生。因為這個年齡的人，對自己的志向還捉摸不定，遑論工作熱情，所以不能了解為什麼沒有薪資也願意工作。其實人們都高估了金錢的價值，研究發現，一個企業能不能留住人才，薪資條件只占第四位。能發揮自己所長、老闆肯重用、團隊很和睦，都比薪資重要。

人生要過得幸福美滿，必須找出生命的意義，沒有意義的生活，是不值得活的生活。很多教授退休後，仍然每天去實驗室，就是一例。心理學上曾有一個實驗，說明了只要工作有意義，錢少或沒有錢都會願意去做，但是一旦意義消失，再多的錢也沒有用。

這個實驗是請大學生來實驗室組裝樂高，做完會有酬勞，但是酬勞會每次遞減，到最後趨零。組裝樂高頗有創意，學生都喜歡，所以會一直做下去，哪怕後來沒有錢了，也不在乎。

另一組大學生雖然也是一樣組裝樂高，但是做完後，實驗者當他的面把樂高拆掉，告訴他，因為材料不夠，必須回收再利用。然後請他繼續使用同樣的材料再創作。這時受試者不願意了。看到自己辛苦的成品不被重視，即使有酬勞也不願意再做了。

所以工作有意義，覺得自己對社會有貢獻，是生活的重點。

這個社會實驗像是暮鼓晨鐘，提醒了我們精神生活的重要性。人之異於禽獸，就是人在溫飽之後，還需要精神上的滿足。現代人必須調整生活重心，放下那些穿腸過的東西，人生才會快樂。

當漁夫還是當富翁？重點是選擇權！

一個學生的博士論文碰到瓶頸，他的父母便勸他不要念了，現在博士滿街跑，碩士都在應徵清潔隊員，學歷太高反而不好找事；他的女友也勸他人生苦短，要活在當下，不要忘記「漁夫與富翁」的故事。*他很徬徨，來問我的意見。

我問他：「你自己心裡怎麼想呢？」

他靦腆的說：「我嚮往老師您們這一輩可以安心做研究的生活。可是人必須顧及現實，我知道現在不可能了。我父親教了一輩子書，現在退休金被砍，老無所終，還被叫米蟲，所以他堅決反對我讀了博士去當教授。系所上週不是請了耶魯的博士回來演講嗎？他講得很好，但是學校沒有缺，他只好回美國去做博士後研究。能力再好，沒有位置也是枉然。」

我聽了沉吟良久。這是目前國立大學研究所招生不足的原因之一；另一個是，他們現在還不懂得給自己留選擇權的重要性。

選擇權是生命的意義所在，一個有選擇權的人，才是真正自由的人。但是選擇權的背後是能力，沒有能力就沒有選擇權，博士學位不只是一張紙而已，它是有系統的做學問和批判性思考能力的證書，它最終的目標是經世濟民。

目前這個急功近利的社會，對有心做學問的人不利，迫使很多學生為了卡位而放棄學習。但是人活著應該不只是溫飽而已，善用自己的能力去造福全人類，應該是每一個知識份子生命的目的。留在學校利用公家的儀器和設備盡量多學，是給自

＊一個富翁去小島度假，看到漁夫每天躺在小船上晒太陽，就勸他去銀行貸款，買艘大船，等賺了大錢以後，就可以像他一樣，晒太陽度假了。漁夫聽了說：「何必這麼辛苦呢？我現在就已經在過這樣的生活了。」

己的未來一個選擇權。

臺灣的教育平日沒有給學生選擇權，所以學生不知道它的重要性。其實人每天不停在做選擇，即使不做選擇，也是個選擇（選擇聽人擺布），甚至被關起來，一無所有了，還是有選擇權——選擇不向權勢低頭，不出賣良心與人格。

我告訴他，一個有意義的人生，一定是個有壓力的人生，把論文寫完，給自己一條進退有據的路。世事如白雲蒼狗，不停在改變，漁夫雖然現在很滿足，但當漁獲減少時，他就餓肚子了。

讓下一代走自己的路

聚餐時，某著名大學校長打電話來邀朋友去畢業典禮致詞。這是學術和社會地位的肯定，我們都恭喜他。

他卻搖搖頭說：「這是個吃力不討好的事，臺下的畢業生哪個聽你說話？他們都急著想趕快出去找自己的家人和朋友慶祝。畢業典禮一向是臺上講臺上的、臺下講臺下的。天底下能有幾個像賈伯斯那樣的場面呢？」

如果是這樣，為什麼要答應？

他苦笑說：「我們做老師的總是想影響學生，雖然李嘉誠早說過，不要給年輕人忠告，跟他講一萬小時，不如讓他自己去摔一跤。但是人生不能逆轉，有的時候，一步錯，終身遺憾，再回頭已是百年身了。所以還是去講，畢竟這是他們出校門前，最後一次的免費諮商，以後要聽，得付三千元一小時的談話費呢！」

我們聽了都笑起來，但是我心裡頗有感觸。

「千金難買早知道」，我現在每天都很後悔當年沒有把翻譯外文書的時間拿來陪伴父母。年輕時，從來不曾想過父母會老，總覺得他們是山，永遠在那裡，有問題只要回家問：「爸，這件事該怎麼辦？」事情就解決了。

不過朋友是對的，這種演講是做功德。

其實，人生最重要的是學緩急輕重的拿捏，不然就是白忙一場。很多人不相信只要先把必要的事做掉，就有時間去做你想做的事。最好的例子就是拿瓶子裝石頭：明明已經裝滿了石頭，但是還可以再塞沙子，沙子塞滿了，仍可灌進水。這個瓶子就是你的一生，你要裝些什麼，端看你人生的優先順序——事業、家庭、孩子，每個人不一樣，每個人的人生也不一樣。

一般來說，《大學》「齊家、治國、平天下」的順序是對的。在安寧病房，很少人後悔少寫一篇論文或少賺一些錢，都是後悔沒有及時跟孩子和家人相處。所以在裝瓶時，心中先要有打算，必要的一定要先進去，而再怎麼滿，都可以再倒些水進去，時間就是水，只要有心，一定可以擠出時間來做自己想做的事。

在做人做事上，誠信是第一，說真話，就不必花時間去記謊話，大腦的資源就可以釋放出來去拚事業。

做到誠信不難，只要不去答應自己做不到的事，就不會失信。

人要有朋友，但是不能替朋友打包票，因為你不能為他的行為負責（「保」這個字就是呆人）。我們受朋友的影響大過於父母，別人可以從你的朋友中，知道你是個什麼樣的人。有一個研究發現，大學生出社會的第一個工作有六〇%是朋友的朋友介紹的。有時朋友的一句話就替你打開了一扇門。

在職場不要愛惜力氣，不要太計較，多做一點沒關係。我母親常說力氣是用不完的，睡一覺又回來了，佛家說「為人點燈，明在我前」，你以為在幫他，最後幫到的是自己。

對學生，我們常覺無奈：想教他，但他不想學，很多事，他應該知道，卻不知道。不過每一個世代都是這樣過來的，我想這就是人生，讓他們去走他們的路吧！

江山代有人才出，各領風騷數百年，我們盡了力就好。

環境限制不了你的「心」

同事拿著一本書踱進我的辦公室，說：「洪老師，假如一個學生成績不好，父親酗酒，母親患憂鬱症，全家靠救濟金生活，您覺得，他有多少機會進醫學院？」

我想了想，說：「零吧？」要進醫學院，除了成績，還得看課外活動的表現，窮人家的孩子打工都來不及，哪有餘力去搞社團？

他揚起手上的書說：「詹姆斯．多堤（James Doty）做到了！」

我很吃驚，因為多堤是史丹佛醫學院著名的神經外科教授。

原來這本《你的心，是最強大的魔法》（*Into the Magic Shop*）是多堤的自傳。

他在十二歲以前，每天的工作就是從酒吧把爸爸拖回家、確定媽媽沒有服安眠藥自殺。他以為自己會像其他貧民窟的孩子一樣，在社會的最底層過一生，直到他遇見老太太露絲，這改變了他的一生。

露絲教他放鬆、靜心，摒除腦海中「你不行」的聲音；最主要是教他立志，每天把自己穿白袍的身影在腦海中具象呈現，因為「有明確的目標，願景才能實現」。

露絲告訴他，牛頓是遺腹子，三歲時，母親改嫁，他跟繼父不合，沒有家庭溫暖，同學嘲笑他、欺負他，他發憤要拿高分來報復嘲笑他的人。

多提聽了大為吃驚，牛頓的際遇遠不如他，卻改變了世界。從此，多提不再怨天尤人。

書中最精采的地方是多提跟醫學院委員的辯論。大三時，他想申請醫學院，依規定，必須先取得醫學院預科委員會的推薦函才能申請。但因為他成績不夠，委員拒絕面試他。祕書以輕蔑的眼光看他一眼說：「我不能幫你安排面談，你不可能進醫學院，你只會浪費大家的時間。」

他想起露絲告訴他，不要被客觀環境所定義，也不要讓別人來定義你的價值。一個地方破損殘缺（父親酗酒），並不表示所有的一切都破損殘缺，家庭失功能不代表你也失功能。他平靜的對祕書說：「除非安排時間，不然我不會離開。」

在他的堅持下，他拿到了面試時間。

在面試中，他說：「我生長在一個貧困的家庭，無依無靠，在繁重的課業之外，每週還得工作二十五小時賺我的生活費，並時時離校去照顧自殺未遂的母親。的確，我沒有很好的成績，那是因為我有無法掌控的因素。

「成績優異和成為一個好醫生沒有絕對的關係，學業成績並不保證你會成為一個關心病人的好醫生。今天各位能坐在這裡，是因為有人曾經相信你們，有人曾經關心你們，我請求你們也給我這個機會。」

他講完，會場一片沉默。

最後院長站起來說：「你提醒了我們一個我們經常忽略的觀點：我們忘記站在面前的是一個人，而不是一份檔案。」

他拿到推薦信，進了醫學院，成了現在我們看到的多堤醫生。

這本書給了我很大的震撼。

人若不願被環境所限制，環境就限制不了你，一切在於你的心。這個「心」，就是我們要教給孩子的。

你的一小步，世界的一大步

在修冷氣機時，書櫥頂上飄下來一張舊的《讀者文摘》散頁，撿起來一看，原來是一個老人的感嘆。

他看到山谷中滿坑滿谷都是盛開的水仙花，還有風信子、鬱金香錯落其間，像一張黃金的地毯，五彩繽紛，光彩奪目，加上蝴蝶在花間尋蜜，好似人間天堂。他心中不由得浮出問號：是天使做的嗎？是誰有這個能力種出這樣美麗的花園？

一回頭，他發現路邊立著一個牌子，上面寫著：「你心中問題的答案是：一個女人，兩隻手，兩隻腳，一次植一顆種子，始於一九五八年。」

原來，這是一位女士的傑作，她一次種下一顆球莖，種了四十年，就把世界改變了。

老人感嘆自己當年若是有個意念努力去做，日求寸進，說不定也不會是現在的自己了。

其實改變世界並沒有那麼難。臺灣也有位賴先生，一次植一棵樹，這一生就把被濫墾的山頭給種回來了。成語中不也有個愚公移山的故事，父傳子，子傳孫，鍥而不捨，把山打通了嗎？感動人的是精神，不是成果。

股王巴菲特有個共事五十年的老搭檔叫蒙格（Charles Monger），他們兩位都是極有人生智慧的人。

蒙格曾經給學生三個成功的忠告：不要賣你不會賣給你媽媽的東西（這是誠信）；只替你尊敬的人做事（不然學不到東西）；每天早上醒來時，想辦法比昨天更聰明一點，只要活得夠長，你一定會成功。

學生聽了大笑，但是蒙格是對的。每天進步一點，並不費力，不費力就容易繼續下去，只要持之以恆，一定有成果。

其實，我自己翻譯書也算一個例子。曾經有人質疑我一個人不可能翻譯五十七本書，一定是我叫學生譯的。其實它們全是我一個人一個字一個字寫出來的。

我父親叫我晚上不要看電視，時間要用來增進自己的知識。他說教學是相長，翻譯更是增進知識的好方法，因為一句話得在心中翻轉成別人也看得懂的另一種語言，這就必須把前後文來回的唸，文句才會通，這來回的唸，就增加了記憶力和理解力。我聽了就每天晚上譯一點，每天早晨也譯一點，三十年過去，不知不覺就累積這麼多了。

千里之行始於足下，所以做什麼都不難，難在持之以恆。人不要擔心自己渺小，這山谷中盛開的水仙花就是最好的例子。

人真正的價值在於幫助別人

因「破壞式創新」理論而聞名於世的哈佛大學商學院教授克里斯汀生（Clayton Christensen）於二〇二〇年初過世了。

他曾在二〇一七年對猶他州鹽湖城西部州長大學的畢業生做過一場演講，那時他已經知道自己得了淋巴癌，去日無多，所以他在演講中分享了很多他對人生的領悟。這場演講對所有人——尤其現在的學生——都很受用。

由於新冠狀病毒流行的關係，許多年輕人被迫留在家中，不能去上班、上學，因為不了解父母的愛是藏在囉嗦的嘴巴裡，造成了很多的親子衝突，使得一位同事說出「譬如當初不生、當初不養」的話來。

雖然李嘉誠說過：「最浪費時間的事就是給年輕人講經驗，講一萬句不如讓他去摔一跤。」我還是把克里斯汀生教授的演講放給學生看，希望他們早早了解生活的意義及父母的愛，因為人生不能逆轉。

克里斯汀生教授說，一個人的價值在於幫助過多少人，使他們變得更好。他告訴學生，他三十八歲失業，回到學校去讀書，想有一技之長，因為那時他已有四個小孩要扶養。他說每個人都有上天賦予的能力，重點在不斷學習，「花若盛開，蝴蝶自來，人若精采，天自安排」。人生不怕起步遲，也不怕走白路，他最終一樣做到了哈佛正教授。

他呼籲學生把眼光放遠，把成功看成一個動態的、不斷奮鬥的過程，而非靜態的停在那裡享受成果。因為一自滿，就被別人趕過去了。

他舉了美國鋼鐵公司（US Steel）的例子：這個公司是鋼鐵大王卡內基創辦的，歷史悠久。仗著自己是美國最大的鋼鐵公司，不把小公司紐克鋼鐵（Nucor）放在眼裡，後來被紐克鋼鐵趕過，失去美國鋼鐵龍頭的地位。

他給了學生很多忠告，包括為什麼成功難以維持，眼光淺短、自大自滿是毀滅一個人最快的武器。

最後他說，當他死後去見上帝時，上帝不會跟他說：「克里斯汀生，你是哈佛的教授，很有成就。」而是會問他：「你這一生中，做了哪些事情使別人變得更好？你還記得我給了你五個好子女嗎？告訴我，你如何幫助他們成為更好的人？」

他說這才是上帝衡量人一生功過的方式，而不是你們以為的賺了多少錢、做到了多大的官、寫了多少篇論文。在上帝眼中，只有人，沒有別的。做一個肯幫助別人的好人；做個好父母，把孩子教好，才是重要的。他告訴學生，「把握」每一天的時間去幫助別人，因為這是做人真正的價值。

他的話如暮鼓晨鐘，振聾發聵。我們在年輕時，都看不到這一點，都拚命想賺錢、想成名，完全不知道最後要離開這個世界時，那些功名都是空的，只有人情，尤其是親情，才是人世間唯一真實的東西。

我請學生思考，從今以後，他們要怎樣和別人相處，尤其自己的父母親，使每個人都能無憾的離開這個人間。

找到一生的志業，才是幸福的泉源

在高鐵上，坐我後面的人小聲在講電話，後來聲音逐漸大起來：「我辛苦賺錢給你讀書，不是要你去修什麼阿里不達的課，幸福為什麼要修？你有書讀就是幸福，哪裡還需要花錢去學？」

人的眼睛可以閉上不看，耳朵卻無法關掉不聽，我只好站起來去上廁所。回來時，那人正好抬起頭，跟我打了個照面。我一看，認識，但不熟。他也想起我是個老師，便立刻問我，耶魯不是很有名的大學嗎？為什麼會開「幸福心理學」這種沒什麼意思的課？

原來他的女兒這學期搶上了這門秒殺的熱門課，很高興的打電話回家向父母邀功，不料爸爸覺得這種課是營養學分，不值得修，兩人起了爭執。

以前大學很少開這種課，但是最近漸成趨勢。一個原因是現代人愈來愈不快樂，焦慮、憂鬱、精神方面疾病大幅上升。二〇一八年美國大學健康協會調查發現，有一二％大學生想過自殺、八七％學生覺得壓力超過他們所能負荷、四三％說他們沮喪到無法正常運作；英國針對一百所大學、三萬八千名學生做調查，也發現三分之一學生有嚴重心理問題，有一半考慮過自我傷害。

這現象在成人中更嚴重，世界衛生組織（ＷＨＯ）調查發現，全球每四十秒就有一人自殺。過去的四十五年中，自殺率上升了六〇％；連臺灣青少年自殺率也創二十年新高，每十萬人中，有四．四人自殺。有些學校開始開設「幸福人生」或「生命的意義」等課程，希望未雨綢繆，早早告訴學生何謂生命的目的和意義，免得將來遺憾。

我勸這位爸爸先上網看一下課程內容再生氣，或許他女兒有需要。

目前主流文化價值觀是建立在物質層面上，因為缺少精神支柱，空虛、孤獨和寂寞便隨之而來。很多人不了解，最想要的東西，其實不見得是真正對你好的；小時候看過一本小說叫《金色夜叉》，講的就是追求金錢的代價，嚇壞了我。

美國研究發現，只要年收入超過七萬五千美元，後面多加個零帶來的快樂，比不上口袋裡只有十塊錢時突然撿到一百元那般快樂；一個贏了千萬元樂透獎的人，第二年的快樂指數降到六．七，比一般人的六．五只多〇．二而已。容貌更是鏡花水月，它隨時光褪去，自古美人如名將，不許人間見白頭，追求它只會愈來愈沮喪。

真正的快樂來自幫助別人時，內心的喜悅，《道德經》說：「既以與人，己愈多。」我父親也說：「有形的東西會愈用愈少，但是無形的東西卻愈用愈多，坐吃山會空，智慧卻愈用愈聰明，慈悲心愈用愈大。」

快樂一定要有意義，沒有意義的快樂不能持久。

現在年輕人不知道職業（job）、事業（career）和志業（calling）的差別，因此會迷失在事業帶來金錢和地位的假象中。一個人若能找到自己的志業，那麼不論物質報酬有多少，他的人生都會是滿足的。

生命只有在找到自己存在的價值、做一個被需要的人時，才有意義。擇一事，做一生，惠眾生，聽起來好像很老套，其實它才是幸福的泉源。

國家圖書館出版品預行編目 (CIP) 資料

該怎麼成就你的人生 / 洪蘭著
. -- 第一版 . -- 臺北市 : 遠見天下文化 ,
2020.12
304 面 ; 14.8×21 公分 . -- (50+ ; BFP018)
ISBN 978-986-525-008-9 (平裝)
1. 人生哲學 2. 通俗作品

191.9 109018639

50+ BFP018

該怎麼成就你的人生

作者 — 洪蘭

總編輯 — 吳佩穎
責任編輯 — 張彤華
封面設計 — 張議文
內頁設計及排版 — 蔡美芳（特約）

出版者 — 遠見天下文化出版股份有限公司
創辦人 — 高希均、王力行
遠見・天下文化 事業群 董事長 — 高希均
事業群發行人／CEO — 王力行
天下文化社長 — 林天來
天下文化總經理 — 林芳燕
國際事務開發部兼版權中心總監 — 潘欣
法律顧問 — 理律法律事務所陳長文律師
著作權顧問 — 魏啟翔律師
地址 — 臺北市 104 松江路 93 巷 1 號 2 樓

讀者服務專線 — 02-2662-0012 ｜ 傳真 — 02-2662-0007, 02-2662-0009
電子郵件信箱 — cwpc@cwgv.com.tw
直接郵撥帳號 — 1326703-6 號　遠見天下文化出版股份有限公司

製版廠 — 東豪印刷事業有限公司
印刷廠 — 中原造像股份有限公司
裝訂廠 — 中原造像股份有限公司
登記證 — 局版臺業字第 2517 號
總經銷 — 大和書報圖書股份有限公司 電話／ (02)8990-2588
出版日期 — 2022 年 8 月 12 日第二版第 1 次印行
2023 年 2 月 14 日第二版第 2 次印行

定價 — 400 元
ISBN — 978-986-525-008-9
書號 — BFP018
天下文化官網 — bookzone.cwgv.com.tw

天下文化

BELIEVE IN READING